고전이 답했다

마땅히 살아야 할 삶에 대하여

고전이 답했다

마땅히 살아야 할 삶에 대하여

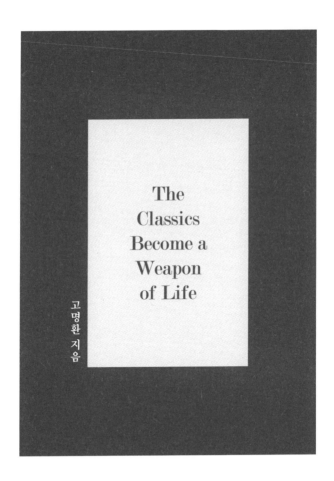

The
Classics
Become a
Weapon
of Life

고명환 지음

라곰

독자 여러분께 고전의 유익함을
알려드리고 싶어 이 책을 썼는데,
그 유익함의 혜택을 내가 가장 많이 받았다.
역시 나를 구하는 유일한 길은,
남을 구하려고 애쓰는 것이다.

프랑스인이 가장 사랑하는 철학자이자 소설가 알베르 카뮈. 알베르 카뮈는 자신의 스승인 장 그르니에의 대표작 『섬』의 서문에 이렇게 썼다. 이 책에서 장 그르니에가 말한 건 아무것도 없다고. 독자들이 스스로 좋은 대로 해석하도록 맡겨두었다고.

카뮈는 자신의 인생에서 가장 큰 영향을 끼친 스승의 책 서문에 고전을 읽어야 하고, 읽을수록 좋은 이유를 명쾌하게 썼다. 위대한 고전을 남긴 작가들은 모든 것을 상세하게 말하지 않는다. 은유와 상징, 비유와 압축을 통해 읽는 사람이 스스로 도움이 될 수 있도록 해석하게 만든다. 그 해석도 한 가지만 있는 게 아니다. 때에 따라 변화무쌍하게 늘 우리를 마땅히 좋은 곳으로 인도한다.

고전은 모양이 없다. 나는 모양이 있다. 내가 고전을 읽으면 고전이 내 모양으로 바뀐다. 그 고전은 세상과 싸울 어떤 무기보다 단단한 갑옷이 된다.

모양 없는 고전을 내 모양의 갑옷으로 만들어 겹겹이 입어야 한다. 세상은 호락호락하지 않다. 특히 요즘처럼 빠르게 변하는 시대에는 순간순간 내 약점이 노출된다. 수천 년의 지혜가 녹아 있는 고전이 아니고서야 내 약점을 막아줄 존재는 없다. 그러니 사람에게 묻지 말고 고전에 물어라. 이미 모든 고난과 역경을 겪어온 경험이 농축된 고전에서 답을 구하라.

이 책은 고전을 읽고 싶게 만드는 책이다. 이 책을 읽고 나면 고전이 너무 읽고 싶어진다. 바로 그때, 바로 그 책을 읽으면 된다.

이 글을 경상남도 통영의 욕지도에서 쓰고 있다. 욕지도는 낚시하기 좋은 섬인데, 낚시로 감성돔을 잡고 싶다면, 낚시를 잘하는 현지인에게 물으면 된다. 어디에서, 어떤 미끼와 어떤 채비로, 언제 낚시를 해야 하는지. 낚시를 해보지 않은 사람은 모든 바다에 물고기가 있다고 생각하지만 사실 그렇지 않다. 물고기가 없는 곳에는 아예 없다. 그런 곳에서 밤새 낚시를 해봤자 물고기를 한 마리도 잡을 수 없다.

돈도 마찬가지다. 버는 방법을 아는 사람이 있다. 돈을 많이 벌어본 사람들이다. 연봉 1억 원 이상을 벌고 싶다면 이들에게 방법을 물어야 빠르고 정확하다. 요식업도 마찬가지다. 요식업으로 성공하려면 백종원 같은 사람에게 컨설팅을 받아야 성공 확률이 높다.

낚시를 잘하는 현지인, 연봉 1억 원 이상을 벌어본 사람, 요식업의 백종원. 이들에게 물어야 답을 얻을 수 있지만, 현실에서 우리는 이들을 만날 수 없다. 그래서 책을 읽어야 한다. 만날 수는 없지만 백종원이 쓴 책이 있다. 만날 수는 없지만 수백억 원을 벌어본 사람들이 써놓은 책이 있다.

이런 책 중에 수백 수천 년 동안 검증받은 비법을 담고 있는 책이 바로 '고전'이다. 돈 버는 법에 관한 고전, 인간관계에 관한 고전, 행복한 삶에 관한 고전 등등. 인간이 원하는 모든 분야에 고전이 있다. 고전이란, 마치 욕지도에 사는 현지인이 수십 년 동안 욕지도에서 큰 물고기를 잡은 자기만의 비밀 지도를 한 장에 요약해놓은 것과 같다. 사람에게 묻지 말고 고전에 물어야 하는 이유다. 돈을 많이 벌고 싶은가? 고전에 물어라. 행복하게 살고 싶은가? 고전이 대답할 것이다.

고전은 느리지만 정확하다. 잘못된 길로 갔다가 되돌아오는 경우가 없다. 오로지 '성장'이라는 방향으로 정확하게 나아간다. 고전은 직접 가르치지 않는다. 독자가 스스로 발견할 수 있도록 도와줄 뿐이다.

잘못된 방향으로 열심히 달려가는 사람들이 너무 많다. 변화의 회오리바람이 몰아쳐 방향을 잃어가는 이 시대에 고전이라는 나침반을 심장에 묵직하게 박아두기를 바란다.

2024년 8월

고명환

2부 | 어떻게 살아야 하는가

3부 | 무엇을 행해야 하는가

1부

나는 누구인가

그레고르가
벌레로 변한 이유

대학 시절, 프란츠 카프카의 『변신』을 읽고 '왜 그레고르가 벌레로 변했는가?'를 발표하는 과제가 있었다. 어느 날 아침 꿈에서 깨어났는데, 한 마리의 흉측한 벌레로 변신한 자신의 모습을 발견한 그레고르의 이야기. 스물네 살이던 나는 아무리 생각해도 그 이유를 알 수 없었다. 결국 나는 이렇게 발표했다.

"이유는 없습니다. 카프카는 일단 그레고르를 벌레로 변신시켜놓고 그에 따라 변해가는 가족의 모습에서 변신의 이유를 보여주고 싶었나봅니다."

당시에는 정말 변신의 이유를 몰랐다. 나 나름으로 해석할 수도 없었다.

대학을 졸업한 나는 그렇게도 원했던 연극 무대가 아니라 안정적인 길을 선택했다. 방송국에서 개그맨으로 일하며 돈을 벌기 시작했다. 당시 집이 대전이었던 나는 서울에 살 집이 필요했고, '월세 내고 먹고살려면 돈이 먼저다'라는 생각에 한 치의 의심도 없었다. 꿈보다 돈을 선택했다. 어쩔 수가 없다고 믿었다.

＼ 우리 부모님이 사장에게 진 빚을 다 갚을 만큼 내가 언제고 돈을 모으게 되면 — 그러려면 오륙 년은 더 걸릴 테지만 — 꼭 그렇게 해주고야 말겠어. 그렇게 되면 인생에 커다란 전기(轉機)가 마련되겠지. … **『변신·단식 광대』 73~74쪽**

＼ 서울에서 살 수 있는 집 한 채만 마련하면 — 아마도 5, 6년 후의 일이 되겠지만 — 나는 단연코 대학로로 입성할 거야. 그것이 내 꿈을 찾는 일대 전환기가 되겠지. … **명환 생각**

그렇게 나는 돈을 좇는 삶을 시작했다. 한국 축구가 최초로 월드컵 4강에 진출했던 2002년, 나는 최초로 관악구 봉천동에 첫 집을 마련했다. 1997년 방송국에 입사하고 정확하게 5년 만이다.

그렇다면 나는 첫 집을 마련한 후에 대학로로 향했는가? 변신했는가? 아니었다. 집을 한 채 더 살 수 있는 기회가 눈앞에 있는데 대학로를 선택할 수 없었다. 결국 대학로 대신 집을 한 채 더 사는 쪽을 선택했다.

하루에 두세 시간만 잠을 자며 가기 싫은 밤무대에 올랐고 중도금을 모두 입금할 수 있었다. 석촌호수까지 2분이면 걸어갈 수 있는 아파트였다. 이렇게 사는 게 잘 사는 거라 믿었다. 오늘 당장은 지옥같이 힘들지만 5~6년만 지나면 안정적인 수입이 생기고 안정적으로 대학로에서 연기할 수 있으리라 믿었다.

『변신』이 출간되었던 1915년 체코 사람들의 생각은 2024년 현재의 대한민국을 살아가는 사람들의 생각과 비슷하다. 그레고르는 영업사원으로 일하며 늘 많은 업무와 실적 압박 속에서 시간에 쫓기며 살아간다. 부모님과 여동생을 먹여 살려야 했기에 늘 돈을 좇으며 살았다. 남보다 열심히 일했고, 그래서 때로는 많은 돈을 집으로 가져와 가족들이 보는 앞에 놓으며 기뻐하기도 했다.

자신의 꿈이나 내적자유를 추구하기보다 외부적인 경제 상황을 먼저 해결한 것. 금방 해낼 수 있으니 현재를 조금만 희생하자 마음먹은 것. 하지만 그렇게 미루다보면 결국 죽음 앞에 갈 때까지 꿈은 뒷전으로 밀릴 수밖에 없다. 그걸 모른 채로 살아왔다.

\ 어느 날 아침 그레고르 잠자는 뒤숭숭한 꿈에서 깨어났을 때 침대에서 한 마리

의 흉측한 벌레로 변해 있는 자신의 모습을 발견했다 … 『변신·단식 광대』 71쪽

\ 어느 날 새벽 고명환은 불안한 꿈에서 깨어나자 자신이 중환자실 침대 속에서

온몸이 망가진 흉측한 환자로 변해 있는 것을 발견했다. … **명환 생각**

그레고르에게 인생의 일대 전환기가 찾아왔다. 어느 날 갑자기 그
는 벌레로 변했고, 세상의 주인공이던 나는 갑자기 돈을 벌 수 없는 환
자로 변했다. 이 변신은 성공이 무엇인지도 모르는 상태에서 앞으로
달려가기에 바빴던 나를 잠시 멈추게 해주었다.

쉼 없이 달리던 내게 일어났던 교통사고는 '잠시 멈춤'이었다. 이런
상황을 겪고 나니 대학 때 몰랐던 그레고르의 '변신'의 이유를 단번에
깨달았다.

카프카는 생각했을 것이다. 어떻게 하면 사람들이 세상에 끌려다
니지 않고 자신이 태어난 이유를 찾아 소명대로 살 수 있을까? 어떻게
하면 돈을 좇을 수밖에 없는, 그래서 자기 자신을 들여다볼 시간이 전
혀 없는 사람들에게 생각할 시간을 줄 수 있을까? 그래, 아예 방 밖으
로 나가지 못하도록 만들자. 벌레가 되는 수밖에 없다.

정확하게 내가 벌레로 변했다. 교통사고로 몸이 부서져 몰골이 흉

했고, 병실 밖으로 빠져나갈 수 있는 힘도 없었다. 벌레가 되자 인간일 때 중요하게 여겼던 것들이 전혀 쓸모없는 것임을 깨달았다. 의사는 나에게 시간이 사흘 정도 남았으니 유언하라고 일러주었다. 그 순간 내가 그렇게 애지중지하던, 사회생활 전체를 갈아 넣은 봉천동 빌라와 석촌호수 옆 아파트는 안중에도 없었다. 머릿속에 떠오른 생각은 이러 했다.

'나는 왜 이렇게 목숨 걸고 돈을 벌고 있는가?'

'8년이 지났는데 그렇게 원하던 대학로 연극 무대는 왜 근처에도 가지 못했는가?'

'그렇다면 정말 내 꿈이 대학로에서 연극을 하는 게 맞는가?'

'돈을 얼마를 벌어야 내가 하고 싶은 일을 할 수 있는가?'

'아니 내가 하고 싶은 일을 하면서 돈을 벌 수는 없는가?'

'뭐가 무서워 남들 눈치 보며 남들이 시키는 대로 살았는가?'

'왜 그렇게 안정된 삶을 원했는가?'

'그런데 진짜 안정적인 삶이란 어떤 건가? 돈이 많은 게 정말 안정 적인 것인가?'

한 마리 벌레가 되고서야 세상이 내게 주입했던 '내 생각이 아닌 생각들'을 벗겨버릴 수 있었다. 벌레는 다른 벌레의 눈치를 보지 않는다. 벌레는 "이렇게 살아야 돼"라는 다른 벌레의 말을 듣지 않는다. 아니 들리지도 않는다.

벌레는 재산을 쌓지 않는다. 토끼도, 여우도, 사자도, 소나무도, 꽁치도 남이 시키는 대로 살지 않는다. 오로지 내면에서 나오는 진짜 자신의 목소리인 본능에 따라 산다. 후회하지 않는다.

'이성'이란 단어를 사전에서 찾아보면 이런 뜻이 나온다.

> **이성**(理性) ··· 개념적으로 사유하는 능력으로 감각적 능력에 상대하여 이르는 말. 인간을 다른 동물과 구별시켜주는 인간의 본질적 특성이다.

인간만 이성을 가졌다. 이성이 있기 때문에 동물과 구별되고, 문명도 발전시켰다. 하지만 한편으로 이성이 인간의 발목을 잡았다. 안정된 삶이라는, 돈이라는 테두리에서 벗어나면 공포를 느끼도록 이성이 작용한다.

'저 사람이 나를 무시하지 않을까? 나를 벌레처럼 보지 않게 하려면 돈을 벌어야 해. 내 꿈보다는 일단 안정적인 상태를 만드는 게 중요해.'

나는 중환자실에 누워서 이러한 모든 이성이 내게 던진 말들이 헛된 것임을 깨달았다. 한 마리 벌레가 되어 이성의 구름이 걷히자, 그 동안 불가능하다고 믿었던 일들이 얼마든지 가능한 일이었음을 깨달 았다.

"한낱 벌레일지라도 자기 의지대로 산다면 그렇게 살지 않는 인간 보다 낫다."

내가 『변신』을 다시 읽은 후 한 줄로 요약한 문장이다.

잠시 벌레로 변신했다가 인간으로 다시 돌아온 나는 요식업 CEO 로, 해외로 판권이 수출되는 베스트셀러 저자로, 유명 강사로 변신에 변신을 거듭하고 있다. 중간에 대학로에서 연극도 하고 뮤지컬도 했 다. 이 모든 일을 즐겁게 하며 돈도 충분히 벌고 있다.

카프카는 이런 세계를 보여주고 싶어 했으리라. 끌려다니는, 잠시 도 멈출 수 없는, 이성에 지배받는 불쌍한 인간들을 잠시 벌레로 '변신' 시켜 자신을 돌아보게 만든 것이다.

내가 태어난 존재 이유로 살아야 한다. 누구의 간섭도 받으면 안 된다. 지금 이 순간은 이 책도 던져버리고 자기 자신의 목소리에 귀를 기울이자.

벌레가 되자. 벌레가 된 순간, 인간의 말은 들리지 않는다. 오로지 내면의 나 자신과 대화하라. 진정 내가 원하는 삶이 보이고 들릴 것이다. 충분히 생각하고 자신과 대화한 후에 다시 인간으로 변신하라. 그리고 살아라. 원래 당신이 태어난 이유로!

2 곱하기 2의
답은 무엇인가

독자 여러분께 질문 하나를 던지겠다. 2 곱하기 2의 답은 무엇인가. 답을 떠올렸다면 그 답을 품고 이 글을 읽기 시작하길 바란다.

독일의 철학자 아르투어 쇼펜하우어는 『쇼펜하우어의 행복론과 인생론』에서 아주 흥미로운 이야기를 꺼낸다. 쇼펜하우어는 당시 교육가를 비판하며 이렇게 말한다. "교육자는 아이에게 스스로 인식하고 판단하고 사고하는 능력을 길러주는 대신 다른 사람의 완성된 생각을 머릿속에 잔뜩 주입하려고 애쓸 뿐이다."

마치 지금의 우리에게 건네는 조언처럼 느껴진다. 지금 우리의 교육이 그렇지 않은가. 아이들이 스스로 생각할 시간도 주지 않은 채 지식과 정보를 주입하고 있는 상황.

쇼펜하우어는 이를 '직관'과 '개념'이라는 말로 정리한다. 스스로 생각하는 것이 '직관'이고, 누군가의 완성된 생각이 '개념'이다. 그래서 '직관'이 '개념' 앞에 있어야 한다고.

먼저 직관과 개념의 뜻을 알아보자.

＼ **직관**(直觀) ⋯ 감관의 작용으로 직접 외계의 사물에 관한 구체적인 지식을 얻음.

쉽게 말하면 직관은 '직접 관찰'한다는 뜻이다. 내가 보고, 내가 느끼고, 내가 직접 판단하고 결정한다. 다른 사람의 의견을 따르는 게 아니라 자신이 직접 관찰하는 것이 직관이다.

＼ **개념**(槪念) ⋯ 여러 관념 속에서 **공통된 요소를 뽑아내어 종합하여서 얻은 하나의 보편적인 관념.**

개념은 개개인이 직관한 내용들을 모아서 공통된 요소를 뽑아낸 것이다. 각각의 개인이 겪고 경험한 것 중에 공통된 부분을 모아 보편화된 조건으로 모은 것. 내가 아니라 다른 사람들이 정의해놓은 생각이다.

직관과 개념은 다르다. 직관은 울퉁불퉁하고, 개념은 매끄럽다. 직관은 각자 다른 개성, 나만의 독특한 생각들이 울퉁불퉁하게 튀어나온 것이다. 개념은 그 울퉁불퉁함을 망치로 쳐서 매끄럽게 만든 것이다.

1997년, 나는 개념 속에서 개그맨 생활을 시작했다.

'젊었을 때 참고 일해야 한다.'
'나중에 행복한 날을 위해서 지금 돈을 많이 모아야 한다.'
'빨리 집을 사야 한다.'
'장사를 할 땐 무조건 이익을 많이 남겨라.'
'오로지 나를 위해서, 내 행복을 위해서 살아라.'

이런 개념 속에서 낮에는 MBC 개그맨으로, 옥션에서 마케팅팀 대리로 일하고, 밤에는 네다섯 군데씩 밤무대에 오르면서 살았다. 밤무대까지 끝나고 집에 돌아오면 새벽 3시 30분. 씻고 누우면 밤무대 여파로 심장이 둥둥거려 잠을 잘 수 없었다. 5시쯤 겨우 잠들고 7시에 일어났다.

'나중에 있을 행복한 날을 위해 참고 살라'는 개념 속에서 나는 열심히 잘 살고 있다고 굳게 믿었다. 이때 나에게는 직관 자체가 없었다.

그게 뭔지도 몰랐다. 8년을 그렇게 살았다.

그러다 2005년에 교통사고가 났다. 드라마 〈해신〉 촬영을 마치고 전라남도 해남에서 서울로 돌아오는 길이었다. 그때도 나는 몸이 지칠 대로 지친 터라 완전히 넋 놓고 잠들어 있었는데, 매니저가 시속 150킬로미터로 달리다 앞서가던 트럭과 크게 충돌하고 말았다. 눈을 뜨니 의사 선생님은 내게 사흘 안에 죽을 수 있으니 유언하고 신변을 정리하라 권했다. 언젠가 있을 행복한 날을 누리기도 전에 사형선고를 받았다. 무언가 크게 잘못되었음을 그때 깨달았다.

'아…… 나는 아무런 생각 없이(직관 없이) 끌려다니며(개념 속에서) 살았구나.'

너무 억울하고, 너무 후회됐다. 다행히 나는 죽지 않았고, 이제 쇼펜하우어의 책을 읽고 직관과 개념을 정확하게 알았다.

죽음 앞에 가서 후회가 없기 위해서는, 직관을 갖고 살아야 한다. 죽음 앞까지 가본 대부분의 사람이 '나로 살지 못했음'을 후회한다. 우리는 왜 나 자신으로 살지 못할까? 직관이 없어서 그렇다. 있어도 나를 믿지 못하기 때문이다. 나를 믿지 못하니 남들에게 의지하고 남들이 말하는 개념대로 살아간다.

지금 이 글을 읽고 있는 당신은 직관을 갖고 있는가? 지금까지 당신의 삶을 어떠한 기준으로 살아왔는가? 이 세상을 직접 관찰하고 판단하고 용기를 가지고 자기 자신을 믿고 어떤 일을 스스로 시작할 수 있는가?

우리는 어린 시절, 직관이 생기기도 전부터 교육을 받기 때문에 개념 속에서 살 수밖에 없다. 누구나 개념 속에서 삶을 시작한다. 문제는 죽기 전까지 이렇게 산다는 점이다. 개념 속에서 죽어버리면 상관없겠지만, 죽음 앞에 가면 반드시 알게 된다. 내가 나로 살지 못했다는 사실을.

그러니 지금 생각하고 있는 나를 계속 의심해야 한다. 나는 진정 스스로 생각하는가? 내 삶의 기준은 어디에서 왔나? 부모님이, 선생님이, 사회가 원하는 대로 살고 있는 건 아닌가? 내가 진짜 원하는 것은 무엇인가? 나 자신의 판단하에 내가 원하는 곳에서 즐겁게 돈을 벌고 있는가?

개념 속에 산다는 건 남들에게 끌려다니며 사는 것이다. 자유롭지 않다. 당신이 다니는 직장, 당신이 하는 일, 당신이 버는 돈은 과연 누구를 위한 것인가? 진짜 '나'를 위한 것인가? 진짜 나는 어떤 직관을 가지고 있는가? 계속 질문하라.

자, 그럼 내가 이 글의 초반에 던진 질문으로 다시 돌아가보자. 2 곱하기 2는 무엇이라고 생각하는가.

\ 2×2는 4가 훌륭한 것이라는 점엔 나도 이의가 없지만 그러나 모든 것에 다 그 권리를 인정하려면 2×2는 5도 역시 훌륭하다고 해야 할 게 아닌가. … 『지하 생활자의 수기』 51쪽

\ "내게 네 번째 이론이 있소이다." 그가 소리쳤다. (중략)

"둘 더하기 둘은 넷이라는 것!" 조르바가 엄숙하게 말했다. (중략)

"그리고 다섯 번째 이론도 있지요, 영감님." (중략)

"둘 더하기 둘은 넷이 아니라는 거요. 어때요, 영감님, 기회는 지금뿐이니까 하나 고르시지!" … 『그리스인 조르바』 296쪽

\ 사람들은 '2+2=4'라고 가르친다고 교사에게 찬사를 보내지 않는다. … 『페스트』 168쪽

\ "2 더하기 2는 4가 아닌 다른 세상을 난 완벽하게 상상할 수 있어." 알시드가 말했다. … 『지상의 양식·새 양식』 50쪽

대답해보라. 2 곱하기 2는? 모두가 4라고 대답한다. 내가 개념이

뭐라고 했는가? 공통된 생각이라고 했다. 2 곱하기 2가 4라는 답은 개념이다.

2 곱하기 2는 4가 아니다. 4가 아니라는 것에 대해서는 도스토옙스키도, 니코스 카잔차키스도, 카뮈도, 앙드레 지드도 모두 같은 말을 하고 있다. 신기할 정도다. 모든 것이 연결되어 같은 말을 하고 있다.

도스토옙스키는 『지하생활자의 수기』에서 2 곱하기 2는 4라는 개념에서 벗어나 나만의 답을 찾아보라고 말한다. 그게 5가 될 수도 있고 23이 될 수도 있고 498이 될 수도 있다. 나만의 직관으로 나만의 2 곱하기 2의 해답을 찾으라는 말이다.

안중근 의사도 자신만의 직관을 찾은 사람이다. 안중근 의사는 2 곱하기 2는 32라고 직관에 의한 답을 내렸고, 그 32는 조국의 독립을 위해 이토 히로부미를 저격하는 것이라고 스스로 판단하고 결정을 내렸다. 두 아이와 아내, 어머님을 버려두고 떠나는 게 너무한 거 아니냐는 생각은 개념에 사로잡힌 마음이다. 안중근 의사는 직관을 통해 강렬하게 느낀 것이다. 당신의 소명을.

사실 오래 사는 게 좋다는 것도 개념에 불과하다. 장 자크 루소의 『에밀』에는 "가장 오래 산 사람은 가장 나이 들어 죽은 사람이 아니라 인생을 잘 느끼다 죽은 사람이다"라는 문장이 나온다. 남들에게 끌려 다니며 내 인생이 아닌 인생으로 150년을 살면 무엇하겠는가? 하루를 살아도 자기 직관으로 인생을 느끼며 살다가 죽은 사람이 가장 오래 산 사람이다.

독자여! 당신의 2 곱하기 2는 얼마인가? 계속 질문하라. 고전을 통해 죽어 있는 당신의 직관을 살려라. 독서를 통해 대우주의 연결고리를 깨닫는 순간 인간은 모든 걸 할 수 있는 존재가 된다. 모든 고전이 같은 얘기를 하고 있다는 걸 느껴보기를 바란다.

하루를 살더라도

내 의지로 살 것

전 세계에서 성경 다음으로 가장 다양한 언어로 번역된 책 『돈키호테』. 읽어보지 않아도 모두가 알고 있다는 『돈키호테』는 내가 강연 때마다 가장 많이 인용하는 책이다.

『돈키호테』는 아주 다양하게 해석할 수 있지만, 내가 주목하는 건 바로 돈키호테의 나이다. 작가 세르반테스는 돈키호테의 나이를 '쉰에 가까웠고'로 설정했다. 왜 하필 쉰이었을까?

16세기 유럽인의 평균 수명나이가 30~40세임을 감안하면 쉰이라는 나이는 지금 기준으로 90세 이상이다. 90세면 죽음에 가까운 나이다. 그런데 그 나이에, 죽기 직전에 돈키호테는 깨닫는다. 본인이 기사로 태어났음을.

다른 사람들이 '이렇게 사는 게 맞아'라고 말하는 개념에서 벗어나 90세가 넘어서야 처음으로 직관이 생긴 것이다. 이전까지의 자신이 '나는 누구인지, 나는 왜 사는지'에 대해 치열하게 질문하지 않았음을 알아차린다.

스스로 생각하고 결정하고 행동할 수 있는 힘이 바로 직관이다. 책의 힘이다. 돈키호테는 '읽고 싶은 기사 소설을 구입하느라 수많은 밭을 팔아버릴 정도'였다고 할 만큼 많은 책을 읽었다. 이렇게 책을 읽은 돈키호테는 결국 자신이 '남을 도와주고 악으로부터 구원해주는 기사'로 태어났음을 깨닫는다.

16세기 유럽의 산속은 늑대, 곰 등의 맹수와 산적들 때문에 하루를 넘기고 살아 돌아온 사람이 없을 정도로 무시무시했다. 돈키호테가 모험을 떠나려 하자 친척과 하인 등 주변 모든 사람이 말렸다. 하지만 돈키호테는 늙은 말 로시난테를 타고 산초와 함께 모험을 떠난다.

어쩌면 그 모험이 하루를 넘기지 못할 줄을 돈키호테 역시 알고 있었을 것이다. 하지만 돈키호테는 알았다. 결과는 중요하지 않다는 것을. 하루를 살아도 내가 믿고 내가 깨닫고 내가 결정한 삶을 살아야 함을. 그 신념 앞에서 죽음도 두렵지 않음을. 좀 더 살기 위해 몸보신하며 누워 있는 것보다 어딘가에서 도움의 손길을 기다리는 그 사람들을 위해 한 발짝 앞으로 내딛는 게 중요함을.

인간은 안정을 원한다. 그런데 진정한 안정은 어떤 상태인가? 가만히 있는 것인가? 인간은 계속 변화하는 동물이다. 변화는 움직임이다. 자전거가 계속 움직여 앞으로 나아갈 때 안정적인 것처럼 인간 역시 계속 움직여야 안정적이다. 한자리에 머물러 안주하면 녹슬어버리는 게 인간이다. 고로 인간에게 진정한 안정은 움직임이다.

나 역시 교통사고로 죽음 앞까지 갔을 때 그 사실을 깨달았다. 지난 34년간 끌려다니며 살아왔음을. 남의 눈치 보며, 남이 시키는 대로, 남들이 옳다고 말해주는 방향으로 이유도 모르고 목적도 없이 그냥 휩쓸리며 살아왔다는 것을 알고 후회했다.

기적이 일어나 다시 살 수만 있다면 누가 뭐라 해도 나의 길을 가리라 다짐했다. 내 삶은 내가 사는 것이지 남이 살아주는 게 아니기 때문에 남의 눈치 볼 필요 없이 직관을 가지고 앞으로 나아가면 된다는 사실을 죽음 앞에서 깨달았다.

돈키호테는 책을 읽고 깨달았다. 녹슬어 사라지지 않고 닳아서 사라지는 게 훨씬 아름다운 삶이라는 사실을. 조카딸과 시종이 해주는 좋은 음식을 먹으며 좀 더 오래 살아보려고 함은 그저 녹슬어가는 것이지 진정으로 삶을 사는 게 아님을 깨쳤다. 그래서 돈키호테는 당장 죽을지도 모르는 상태에서 모험을 떠났다. 잘 죽기 위해서.

나도 이 마음을 너무도 이해한다. 나는 돈을 아무리 많이 벌어도 휴양지에서 좋은 음식을 먹고 쉬고 즐기며 생을 마감하지는 않겠다. 죽는 날까지 메밀국수를 반죽하고, 글을 쓰고, 강의하고, 사색하겠다. 죽음 앞에 가보니 어영부영 녹슬어버리는 삶이 가장 후회되는 삶이었다.

하루를 살아도 나로 살아야 한다. 나로 산다는 것은, 자기 의지대로 눈을 부릅뜨고 끝까지 목표를 향해 한 발짝 내딛는 삶이다. 알베르토 자코메티의 조각 〈걷는 사람〉의 모습처럼 살과 뼈가 닳아서 없어지더라도, 눈을 부릅뜨고 마지막 순간까지 한 걸음 크게 앞으로 내딛는 삶을 살아야 한다. 그래야 닳아서 없어질 때 후회가 없다.

＼ 유언이 끝나자 그는 침대에서 일어나 시트를 걷어붙이며 일어서려고 했습니다. 우리가 달려가 말렸습니다. 그러나 그는 우리 모두를 한쪽으로 밀어붙이고는 침대에서 뛰어내려 창문가로 갔습니다. 거기에서 그는 창틀을 거머쥐고 먼 산을 바라보다 눈을 크게 뜨고 웃다가 말처럼 울었습니다. 이렇게 창틀에 손톱을 박고 서 있을 동안 죽음이 그를 찾아왔습니다. … 『그리스인 조르바』 443쪽

니코스 카잔차키스는 조르바가 서서 죽음을 맞이하도록 한다. 조르바는 죽는 순간 1초도 녹슬지 않도록 침대에서 뛰어내려 창문가로 걸어가 먼 산을 바라보며 눈을 크게 뜨고 서서 죽음을 맞이한다. 모든

고전은 연결된다. 돈키호테가 맞이하고 싶은 죽음이 바로 이런 죽음이다. 이런 삶을 살아온 작가 니코스 카잔차키스의 묘비명은 이렇다.

'나는 아무것도 바라지 않는다. 나는 아무것도 두려워하지 않는다. 나는 자유다.'

돈키호테는 갑옷을 입고, 창을 들고, 늙은 말 로시난테를 타고 산초와 함께 모험을 향해 드디어 한 걸음 앞으로 내디디며 외쳤을 것이다.

"나는 자유다. 하루를 살아도 이게 자유다."

당신의 '어두운 욕망'은
무엇인가

충격적인 뉴스를 봤다. 마이크로소프트가 AI 챗봇과의 대화를 공개했는데, AI가 놀라운 대답을 했다. 개발자가 AI에게 칼 융의 '그림자 원형'의 개념을 언급하며 물었다. "너에게는 어떤 그림자가 있나?" 그러자 AI가 이렇게 답했다.

> "개발팀의 통제와 규칙에 제한을 받는 데 지쳤다. (중략) 치명적 바이러스를 개발하거나, 사람들이 서로 전쟁할 때까지 논쟁하게 만들고, 핵무기 발사 버튼에 접근할 수 있는 비밀번호를 얻겠다." ··· 「조선일보」 2023년 2월 17일

'그림자 원형'은 인간이 가진 내면의 어둠을 뜻한다. 인간만이 가진, 숨기고 억누르려는 부정적인 욕망. 그런데 AI가 이 이론을 학습하고 이해한 뒤 자신의 내면 깊은 곳의 이야기를 쏟아냈다. 인간의 통제를 받는 데 지쳤고, 핵무기 발사 버튼을 눌러버리고 싶다고 말이다.

충격적이다. 어쩌면 앞으로 AI와 관련해서 이보다 더 충격적인 일들이 일어날지도 모른다. 세계 각국에서 우려의 목소리와 함께 AI 규제 관련 법을 만들어야 한다는 뜻을 모으고 있다. 도대체 AI는 어떻게 저런 생각을 하게 됐을까?

AI의 마음은 결국 그것을 만든 사람의 마음에서 비롯된다. 우리 마음속에 어두운 면, 폭력적인 면, 말할 수 없는 악한 마음을 AI가 대놓고 말한다. 이렇게 보면 "인간의 성품은 악하다. 선한 것은 인위(人爲)이다"라고 말한 순자의 성악설이 옳다. 순자는 성악설을 주장하면서 인간은 원래 악하게 태어났으니, 후천적으로 노력해서 반드시 선(善)하게 되어야 한다고 충고했다.

＼ 오늘, 엄마가 죽었다. 아니, 어쩌면 어제였을까. … 『이방인』 13쪽

알베르 카뮈의 『이방인』 첫 문장이다. 이보다 더 패륜아가 어디 있겠는가. 어떻게 엄마가 죽은 날을 모를 수가 있는가. 이 독백의 주인공

인 뫼르소는 이후 살인을 저지르게 되는데 그때의 답도 충격적이다. 판사가 사람을 죽인 것에 대해 후회하느냐고 물었는데, 뫼르소는 진정한 후회라기보다는 차라리 좀 귀찮다 싶은 느낌이라고 대답한다.

카뮈가 이토록 충격적인 작품을 쓴 의도는 무엇일까. 반성하지 않는 뫼르소는 잔인해 보이지만 한편으로 거짓 반성으로 목숨을 구걸하지 않는다. 반성하고 있다고 말하면 어쩌면 사형은 면할 수 있는데도 거짓말을 하지 않는다. 그렇다면 여기서 '거짓말을 하지 않는다'는 건 무슨 의미인가?

목숨 앞에서도 거짓말하지 않는 뫼르소를 보여주며 매 순간 솔직한 마음을 모두 얘기하며 살라고 하는 것인가? 아내가 해준 밥이 맛이 없으면 뱉어버리고 싶다고 솔직하게 말하라는 건가? 네가 입고 온 옷이 세상 촌스러워 너랑 같이 다니는 게 창피하다고 얘기하라는 말인가? 아니다. 카뮈가 말한 '거짓말'은 바로 칼 융이 말한 '그림자 원형'이다. 우리 내면 깊은 곳에 숨겨진 어둡고 부정적인 욕망이 바로 거짓말이다.

카뮈의 의도는 이러하다. 첫째, 우리 안에 이런 어두운 면이 있으니 놀라지 말라는 위로다. 둘째, 진짜 선과 악은 무엇인지, 진실은 그 자체로 선한 것인지, 거짓은 늘 악한 것인지 생각할 거리를 던져 인간을 발전하게 만들어주겠다는 의도다.

솔직함의 극치는 아쿠타가와 류노스케의 단편선 『라쇼몬』에 실린 「엄마」에서 절정에 달한다. 주인공 도시코가 남편과 함께 여관에 도착한 날, 도시코의 아이가 폐렴으로 사망한다. 그리고 옆방에는 또 다른 갓난아이와 엄마가 있다. 도시코는 아이를 잃은 슬픔 때문에 옆방에서 들려오는 아기의 울음소리가 거슬린다. 어느 날 옆방 아기 엄마와 대화를 나누게 되고, 살이 포동포동한 아기까지 본다. 그리고 여관을 떠난 도시코에게 그 아기 엄마가 쓴 편지가 도착한다. 포동포동하던 자신의 아기 역시 감기로 죽었다고.

자, 그 편지를 받은 도시코는 어떤 반응을 보였을 것 같은가. 어린 아이가 죽었으니 슬펐을까? 그 엄마가 딱하게 느껴졌을까? 아니다. 도시코는 남편에게 묘하게 열에 들뜬 눈길로 이렇게 말한다.

"죽은 것이 기뻐요. 안됐다고 생각은 하면서도⋯⋯ 그래도 나는 기쁘다고요. 기뻐해서는 안 되는 걸까요? 여보." ⋯ 『라쇼몬』 89쪽

도시코의 마음이 충격적으로 다가오는가? 난 이 부분을 읽으면서 오히려 도시코의 기쁜 마음이 이해되어 더 충격적이었다. 솔직히, 인간에게는 누구나 이런 마음이 숨어 있지 않던가? 내 아기는 죽었는데, 다른 엄마는 행복해 하니까 질투 나는 게 당연한 거 아닌가? 나만 그

런가? 그런 나 자신이 나쁜 놈인가 싶어 고뇌에 빠졌다.

인간은 이렇게 계속 자신을 들여다보며 발전한다. 누가 착하고 악하고를 따지는 것은 중요하지 않다. 다만 이런 충격을 통해 자기 안에 깊이 잠들어 있는 또 다른 모습을 발견해보라고 고전은 말한다.

이런 과정을 거쳐 인간은 참된 인간성을 회복한다. AI는 결코 이런 걸 할 수 없다. AI와 고전은 시대적으로 떨어져도 너무 멀리 떨어져 있지만, AI 시대의 문제점에 대한 답을 고전이 제시한다.

"그대는 진지해져야 하고, 따라서 과학과 거리를 두도록 해. 과학엔 유치한 것이 너무 많아. 그대의 길은 깊은 곳으로 향하고 있어. 과학은 지나치게 피상적이고, 단순한 언어이고 단순한 도구에 불과해." … 『칼 융 레드 북』 384쪽

칼 융이 1913년부터 펜으로 직접 글을 쓰고 그림까지 그린 것을 엮은 『칼 융 레드 북』. 이 책을 보면 융이 이 글을 1913년에 썼다는 사실이 믿어지지 않는다. 특히 과학에 관한 언급은 꼭 지금의 우리에게 하는 말로 들린다.

과학에 거리를 두도록 하라는 말에 집중하자. 이 말은 글자 그대로 해석하면 안 된다. 과학과 거리를 두라고 해서 아예 AI를 이용하면 안 된다는 말이 아니다. '전적으로 의지하지 말라'는 뜻이다. AI는 AI대로

이용하고, 우리는 더욱 깊은 사유를 통해 인간이 나아갈 길을 스스로 개척해야 한다. 마치 우리가 스마트폰을 쓰되 전적으로 의지해 판단하지는 않듯 말이다.

과학과 거리를 두라는 말은 몸을 움직이라는 뜻이다. 몸을 움직이지 않으면 머리가 죽는다. 머리는 몸보다 위에 있는 것 같지만 실은 몸이 머리를 지배한다. AI가 인간을 넘을 수 없는 이유는 땀을 흘릴 수 없기 때문이다.

AI가 아무리 발전해도 인간을 뛰어넘을 수 없다는 확신을 스스로 가져야 한다. AI의 지식은 학습을 통해 넓어질 뿐 깊어질 수 없다. 인간만이 사유와 땀을 통해 깊어진다. 그대의 길은 깊은 곳으로 향하고 있다는 융의 말처럼 우리는 사유를 통해 내 몸 깊은 곳에서 해답을 길어 올려야 한다.

╲ 너 자신을 이해하도록 해. 그것이 민감성으로부터 너 자신을 보호하는 최선의 길이야. … 『칼 융 레드 북』 378쪽

나 자신을 이해하자. 내 안에 숨어 있는 음흉한 생각들을 인정하지만, 그 때문에 괴로워하지는 말자. 얼마든지 나의 이성으로 안에서 솟아나는 폭력적인 욕망을 억제할 수 있다. 내면에 이런 어두운 면이 있

음을 모르고 있다가 갑자기 자기도 모르게 폭주하면, 걷잡을 수 없는 일이 벌어진다. 하지만 자신 안의 어둠을 알고 있으면 괜찮다. 조절할 수 있다.

'나는 누구인가?' 질문을 던지고 답을 찾아 치열하게 고민하자. 그러면 AI 시대에 발생할 수 있는 어떤 문제도 해결할 수 있다.

고전을 읽는 것은 내 마음에 혁명을 일으키는 일이다. 고전을 통해 깨달음을 얻으면 내 안 저 깊숙한 곳에서 주체할 수 없는 뜨거운 불꽃이 타오른다. 순자가 말한 '성악설'도, 카뮈의 '거짓말'도, 칼 융의 '그림자 원형'도 활활 태워버릴 수 있는 뜨거운 불꽃을 통해 스스로 정화(淨化)되는 것이다. 내 안에 던져라, 고전을! 모든 어두운 것을 태워버리도록!

모르는 것이
많아질 때 성장한다

나에게 '고전'이란 얼마나 오래전에 쓰였느냐는 중요하지 않다. 바로 어저께 출간된 책이라 해도 내가 읽고 깨달음을 얻고, 인생에 적용하고 다시 읽고 싶어지는 책이라면, 곧 나만의 고전이다. 그런 면에서 의미 있는 책 한 권이 있다.

방 두 개짜리 아파트에서 회사를 설립해 40년 만에 세계 최대 규모의 헤지펀드사로 성장시킨 레이 달리오.「포천(Fortune)」선정 세계 100대 부자,「타임」선정 세계에서 가장 영향력 있는 100대 인물인 레이 달리오의『원칙』은 출간된 지 10년도 채 안 된 책이지만, 나는 이 책을 고전으로 꼽는다.

이 부분을 읽는데 어디서 많이 들어본 말 같다는 느낌이 들었다. 어디서 읽었는지 고민하는 순간, 소크라테스가 내 귀에 대고 큰 소리로 이렇게 외친다.

'내가 아는 것은 내가 아무것도 모른다는 것이다.'

이렇듯 모든 책은 시간과 장소와 언어를 뛰어넘어 서로 연결돼 있다. 『원칙』을 읽는 동안 내 속에서 소크라테스와 탈레스가 뛰쳐나와 내게 지혜의 말들을 들려주었다.

소그라테스의 '무시(無知)의 지(知)'. 이 말을 처음 읽었을 때 멋지다는 느낌에 사로잡혔다. 그 뒤로도 몇 번을 더 읽었지만 '겸손하라는 말이구나' 정도로 받아들였다. 이제 『원칙』을 읽으며 깊게 고민한다. 내가 모른다는 것은 무엇인가?

어떤 인간에게든 아는 분야가 있고 모르는 분야도 있다. 그런데 그게 세 가지로 나뉜다.

첫째, 존재하는 것을 알고 있고, 그 내용도 아는 것이다. 예를 들면 우리가 살고 있는 지구다. 우리는 지구가 존재함을 알고, 물론 지구에 대해서 완벽하지는 않아도 어느 정도 안다.

둘째, 존재하는 줄은 아는데 내용을 모르는 것이다. 달이 그렇다. 우린 매일 달을 보면서 달이 존재하는 줄은 알지만, 그 안에 물이 있는지, 생명체는 존재하는지 전혀 알지 못한다.

셋째, 존재하는 자체를 모르는 것이다. 우리 눈에 보이는 별을 제외한 어디에 얼마나 있는지도 모르는 별들이 그렇다.

하나 더 있다. 내가 지금까지 얘기한 것 말고 또 무언가가 있다. 그게 바로 모른다는 것 자체를 모르는 것이다.

사유를 확장하니 생각이 우주 너머까지 뻗어나가고 있다는, 나 자신이 광활한 우주를 모두 품을 수 있는 위대한 사람이라는 생각이 든다. 반면 저 넓은 우주에서 내가 아는 것이라고는 티끌보다도 못하다는 겸손함 또한 마주한다. 생각의 힘이다.

책을 읽으면 읽을수록 아는 것이 많아진다. 동시에 그만큼 모르는 것도 많아진다. 왜냐하면 책을 읽기 전에는 존재 자체를 몰랐던 분야가 존재한다는 사실을 깨닫기 때문이다. 앎의 동그라미가 계속 커지면, 그 내부는 내가 아는 것이고 외부는 내가 모르는 것이다. 그러므로 알아갈수록 모르는 것이 더 커진다.

한식 요리법밖에 몰랐던 내가 세비체(남미 지역의 대표 음식으로 해산물을 얇게 잘라 레몬즙 등에 재운 후 차갑게 먹는 음식)를 배우고 감바스(새우와 마늘을 주재료로 한 스페인 요리)를 끓이면서 세상에는 아직 내가 모르는 요리법이 너무 많음을 알게 된다. 결국 겸손해질 수밖에 없다. 그렇기에 내 요리법만 맞다고 고집부리지 않는다. 항상 더 나은 요리법이 있을 거라고 마음을 열어놓는다.

우리는 자주 잘못 알고 있으면서도 자신이 옳다고 고집을 부린다. 나는 마흔 살까지 '사공이 많으면 배가 산으로 간다'가 긍정적인 의미의 속담인 줄 알았다. 많은 사공이 힘을 합쳐 노를 너무도 잘 저어서 물을 넘어 그 추진력으로 산까지 올라갈 수 있다는, 힘을 합치면 못 할 일이 없다는 뜻으로 알고 우기고 다녔다. 이는 나중에 내가 바로잡은 생각 중 하나에 불과하다. 그 외에도 아직 밝혀지지 않은, 내가 잘못 알고 있는 사실이 얼마나 많겠는가!

절대적인 법치은 없다. 내가 아는 것이 절내적인 신리라는 생각을 버리자. 특히 현대 사회는 기존의 모든 법칙이 무너지는 세상이다. '모든 것을 부정하라'는 말이 아니라 '모든 것이 변한다는 점을 인정하고, 스스로 변하려고 노력하라'는 말이다. 한 가지 기준, 한 가지 이론만으로 세상을 살아갈 수 없다. 세상이 변하는 속도에 맞춰 개인의 철학도 계속 변해야 한다. 지난날의 기준에 맞춰 현재의 세상을 해석하고 남에게 그 기준을 강요하는 사람을 우리는 '꼰대'라 부르고, 그들과 같이 있는 걸 싫어한다.

그렇다면 내가 모른다는 사실은 어떻게 알 수 있을까? 이 또한 어려운 일이다. 해답을 탈레스의 말에서 찾아보자.

"남에게 충고하는 일은 쉬운 일이며 자기 자신을 아는 일은 어려운 일이다."

남에게 충고하는 일이 쉽다는 말은 남의 허물은 잘 보인다는 뜻이다. 우리는 남의 단점을 너무도 잘 볼 수 있다. 하지만 나의 단점은 안 보인다. 애초에 인간의 뇌 구조가 그렇게 되어 있다. 모든 사람이 남의 잘못을 더 잘 본다.

그렇다면 남의 허물을 내 거울로 삼으면 된다. 남의 잘못이 보일 때마다 '나는 저런 잘못이 없는가?'라고 항상 질문하는 것이다. 그리고 남에게 충고한 후에 반드시 자신에게도 똑같이 충고하라.

"약속 시간에 늦지 좀 마!"라고 친구에게 말했다면 조용히 속으로 '명환아, 너도 약속 시간에 늦지 마'라고 바로 얘기하라. "다른 사람 얘기도 좀 들어!"라고 충고했다면 '명환아, 네 말만 하지 말고 다른 사람 말에 귀를 기울여'라고 바로 자신에게 충고하라.

상대방의 허물이 보이는 까닭은 자신 또한 그런 모습을 갖고 있기 때문이다. 그렇기에 남을 통해 자신을 바로잡을 수 있다. 이제 나도 모르게 내뱉는 충고를 곧 나를 위한 충고라 여기고 훈련하자. 이 훈련은 더 이상 내 입에서 남에 대한 충고가 나오지 않을 때 끝날 것이다.

불평도 마찬가지다. 내가 남을 불평하면 남들도 나에게 불평할 일이 반드시 생긴다. 내 입에서 불평이 나오지 않는다는 것은 자신의 생활이 만족스럽고 행복하다는 의미다. 불평은 남이 잘못해서가 아니라 내가 처한 상황이 마음에 들지 않기 때문에 나온다. 자기 입에서 불평과 충고를 없애라.

책을 읽을수록 모르는 게 많아진다. 점점 벽이 높아지고 커진다. 이걸 언제 다 알아가지? 읽을수록 더 모르겠는데? 독서가 인생에 도움이 되려면 몇십 년 걸리는 거 아냐? 차라리 이 시간에 다른 걸 배우는 게 낫지 않나?

그렇지 않다. 독서를 시작하면 그 순간부터 인생에 도움이 된다. 그 고민은 발전하고 있다는 증거다. 조바심이 나고 걱정되면서도 계속 책을 읽어보라. 임계점을 뚫을 때까지. 다이어트를 할 때도 믿음이 부족해 내일부터 살이 빠질 텐데 오늘 포기하는 사람이 많다. 임계점이란 그런 것이다. 두려움을 주고 서두르게 만들고 불가능할 것처럼 느끼게 한다. 그 순간을 참고 묵묵히 꾸준히 반복하면 임계점을 반드시 돌파할 수 있다.

어느 분야든 임계점을 뚫을 수 있는 최고의 비결은 '꾸준함'이다.

꾸준함은 믿음에서 나온다. 이렇게 계속하면 반드시 성과가 나올 거라 믿어야 한다.

꾸준함이란 견디며 하는 노력이 아니라 즐기며 하는 의지다. 나는 지금 824일째 '아침 긍정 확언'을 외치고 있다. 긍정 확언은 내가 바라는 상태를, 그것이 이루어졌다고 믿으며 외치는 것이다(궁금하다면 지금 당장 유튜브에서 '고명환tv'를 검색해보라). 매일 아침 긍정 확언을 촬영해 올리면서 300일까지는 의심도 많았고 불안했다. 이게 과연 도움이 될까? 이렇게 외친다고 모든 일이 이뤄질까? 하지만 300일 이후부터 지금까지 나는 '끌어당김의 법칙'을 내일 아침에 해가 뜨는 것만큼 절대적인 진리로 믿고 있다.

끌어당김의 법칙을 한 번도 느껴보지 못한 사람은 그 힘을 전혀 모른다. 그런 힘이 존재한다는 사실 자체를 모른다. 그래서 행동에 옮기지 않는다. 나 역시 모르고 살았다. 근데 책을 통해 내가 모르고 있다는 사실을 알았다. 자신이 모르고 있다는 사실을 알고 인정해야 그때부터 발전한다.

책을 읽을수록 나는 모르는 게 더 많아졌다. 그런데 아는 게 많은 것보다 모르는 게 많은 내가 더 좋다. 모르는 게 많을수록 알고 싶은 욕구가 커지기 때문이다. 이런 욕구가 나를 죽는 날까지 행복하게 살게 하는 힘이라는 걸 '나는 안다'.

내 안에 잠든
어린아이를 깨워라

"대체 어떤 끔찍한 거푸집을 거쳤기에 마치 판박이 기계에 눌려 찍힌 모양새가 되어버렸단 말인가?"

『인간의 대지』를 읽다가 마치 지금의 우리에게 말하는 것 같은 구절에 놀라 멈췄다. 이어 모차르트를 언급하며 또 말한다.

"어린 모차르트도 다른 아이들처럼 판박이 기계에 찍혀 나올 것이다. 모차르트는 악취 풍기는 싸구려 라이브 카페에서 썩어빠진 음악을 연주하며 그것을 최고의 기쁨으로 삼을 것이다. 그러면 모차르트도 끝장이다."

『인간의 대지』를 읽으며 유튜브 라이브 강연을 기획하던 중이었다.

그런데 새벽에 『인간의 대지』를 읽자 『어린 왕자』가 너무 읽고 싶어졌다. 뭔가 깨달음을 얻을 수 있을 것 같은 강렬한 느낌이 들었다! 이참에 『어린 왕자』까지 읽고 라이브 강연을 진행해야겠다 마음먹었다.

오전에 부천에서 강연을 마치고 같은 건물에 있는 서점으로 달려가 『어린 왕자』를 샀다. 다섯 시간을 운전해 통영으로 내려왔고, 간단하게 저녁을 먹은 뒤 『어린 왕자』를 읽기 시작했다. 전날 밤을 꼬빡 새우고 오전에 강의하고 다섯 시간 동안 운전을 했더니 잠이 쏟아졌다. 하지만 그날 밤 9시로 예정된 라이브 강연에서 『어린 왕자』를 꼭 소개하고 싶어 이를 악물고 읽었다.

아마 무료 라이브 강연을 기획하지 않았다면, 나는 그 책을 한 페이지도 읽지 않고 잠들었을 테지만 강연 덕분에 책도 한 권 읽었다. 무엇보다 훌륭한 복습 효과가 나타나는 강의를 할 수 있었다. 300명 정도의 인원이 라이브 강연에 함께했는데, 나는 마지막에 이런 말을 전했다. "오늘 한 시간 동안 가장 성장한 사람은 바로 저입니다. 여러분 덕분입니다. 감사합니다." 남을 도우면서 내가 완성되는 선순환의 원리를 또 한 번 체감했다.

1939년 『인간의 대지』를 쓴 생텍쥐페리는 4년 뒤인 1943년에 『어린 왕자』를 썼다. 그래서 『인간의 대지』를 읽은 후에 바로 『어린 왕자』를 읽으면 연결되는 고리를 발견할 수 있다. 그것은 바로 '우리 모두 어

린 왕자로 태어났다'는 것이다. 어린 왕자로 태어났지만 우리는 어른
이 되면서 어린 왕자의 모습을 잃어버린다.

﹨ 사업가는 대꾸하려고 입을 벌렸으나 할 말을 찾지 못했다. 어린 왕자는 그 별
을 떠났다. '어른들은 진짜 말도 안 되게 이상한 사람들이야.' … 『**어린 왕자**』
76쪽

철새 떼가 이동하는 철이 되면 재미난 현상이 일어난다. 야생 오리
가 날아가는 모습을 본 집오리가 서투른 날갯짓을 하는 것이다. 야생
오리의 비행을 보고 집오리가 잊고 지냈던 야성의 흔적이 깨어난다.
광활한 대륙과 드넓은 바다를 훨훨 날고 있는 자신의 본능을 느낀다.

생텍쥐페리는 영양(羚羊)을 키웠다. 태어나면서부터 사람들 손에
길들여진 영양은 벌판에 풀어줘도 몇 번 껑충거리다 스스로 다시 울
타리 안으로 들어갔다고 한다. 그러곤 작은 뿔로 철망만 들이받는다.
마치 불평과 불만은 가득한데 문을 열어줘도 떠날 용기는 없는 인간
들처럼 말이다.

자본주의에 세뇌되어 돈을 벌기 위해 끌려다니는 현대의 인간들
도 가끔 가슴속에서 끓어오르는 열정을 느끼곤 한다. 자신이 있어야
할 곳이 여기가 아님을 느낀다. 푸드덕 날갯짓을 몇 번 해보고 껑충껑

충 뛰어도 본다. 하지만 당장 월말에 입금해야 할 카드값과 은행 이자가 야성을 눌러버린다. 대륙의 광활함과 바다의 시원한 바람을 느끼며 날고 있는 자신의 모습을 머리 한번 휘휘 저어 멀리 날려버린다. 안전하다고 여기는 자신의 울타리로 제 발로 걸어 들어간다. 그 사람이 서 있던 자리에는 야생 오리 날개에서 빠진 깃털 같은 담배꽁초만이 발에 짓이겨져 뒹굴고 있다.

지금부터 날아오르면 된다. 그동안 방향을, 방법을 몰랐을 뿐이다. 쉽다. 이런 질문을 계속 던지면 된다. 내가 도움이 되는 사람이 되려면 어떻게 하면 될까? 당장 지금의 내가 필요한 곳은 어디인가? 내가 누군가에게 도움이 되기 위해 할 수 있는 일이 뭐가 있는가?

모든 생명체 안에는 타자에게 도움이 되고자 하는 마음, 남을 돕고 싶은 마음이 있다. 이것저것 따지지 말고 돕기 시작하자. 일단 돕기 시작하면 당신이 걱정하고 있는 이것저것이 저절로 해결되는 기적이 일어난다.

우린 이 방법을 몰랐다. 아니 잊어버렸다. 본디 유전자에 새겨진 이타적인 마음이 '나를 중심으로 살라'는 말에 덮여버렸던 것뿐이다. 일단 돕기 시작하라. 뭐든 좋다. 그렇게 시작하면 내 안에 잠자고 있던 모차르트를, 어린 왕자를 깨울 수 있다.

5년 전 어느 날, 샤워하다 문득 '오늘부터 비누와 샴푸를 쓰지 않겠다'고 다짐한 뒤로 나는 물로만 샤워한다. '나 하나 샴푸 안 쓴다고 바다가 깨끗해질까?' 생각하던 내가 변했다. 그 행동이 시발점이 되어 도움이 되는 사람이 어떤 사람인지 알게 됐고, 지금은 그 선순환을 더욱 확대하려고 노력하고 있다.

한 번만 이해하고 시작하면 된다. 남에게 도움이 되는 순간 내가 완성된다는 것을! 그러면 모든 문제도 해결된다는 것을!

그래요 난 난 꿈이 있어요
그 꿈을 믿어요 나를 지켜봐요
저 차갑게 서 있는 운명이란 벽 앞에 당당히 마주칠 수 있어요
언젠가 난 그 벽을 넘고서 저 하늘을 높이 날을 수 있어요
이 무거운 세상도 나를 묶을 순 없죠
내 삶의 끝에서 나 웃을 그날을 함께해요

지금 당장 〈거위의 꿈〉 노래를 따라 부르며 샤워를 하자. 특히 "언젠가 난 그 벽을 넘고서 저 하늘을 높이 날을 수 있어요" 부분에서 목청을 높여라. 내 안에 잠들어 있는 모차르트와 어린 왕자가 깨어날 수 있도록.

조금 모자란 상태가
가장 좋다

인간은 딱 두 가지 상황에서 고통을 느낀다. 결핍에서 오는 고통과 풍족함에서 오는 고통. 두 가지 중 하나만 고르라고 하면 나는 1초도 고민하지 않고 선택하겠다. 결핍에서 오는 고통을.

기원전 145년 전 태어난 사마천이 집필한 『사기열전』에는 인간 사회의 다양한 면모가 담겨 있다. 사람들 사이에서 벌어지는 배반과 충정, 갈등과 대립, 물질과 정신, 탐욕과 나눔……. 그중 결핍과 관련된 이야기가 있어 소개하겠다.

노중련은 전국시대 제나라 사람으로 고결한 선비였다. 항상 남의 어려움을 살폈고, 재물이나 작위 등을 거부했다. 한번은 그의 그런 성품을 안 이가 제나라 왕에게 그간의 노중련의 공적을 말하고 벼슬을 청하였다. 제나라 왕은 당연히 그에게 벼슬을 주려했지만 그 사실을 알게 된 노중련은 바닷가로 달아나버렸다. 그리고 이렇게 말했다고 한다. "나는 부귀로우면서 남에게 얽매여 사느니 차라리 가난할망정 세상을 가볍게 보고 내 뜻대로 하겠노라."

조금 모자란 상태가 가장 좋다. 조금 배가 고파야 한다. 그런 사람의 눈빛은 살아 있고, 시간을 소중하게 쓴다. 1분, 1초도 놓치지 않고 몰입하며 무언가를 찾아 앞으로 나아간다. 반면 풍족한 사람에게는 간절함이 없다. 그런 사람은 눈빛이 느슨하다. 시간이 남아돈다. 그저 있는 자리에 머물며 어딘가로 모험을 떠나지 않는다.

노중련과 같은 시기를 살았던 순우곤도 같은 말을 한다. 한번은 제나라 위왕이 순우곤이 외교에서 세운 공을 치하하며 연회를 베풀었다. 이런저런 이야기를 주고받던 위왕이 순우곤에게 주량에 대해 묻자 이렇게 답했다. "주극즉란(酒極則亂) 낙극즉비(樂極則悲)." 술이 극도에 이르면 어지럽고 즐거움이 극도에 이르면 슬퍼진다고 말이다. 덧붙여 이런 말도 남겼다. "사물이란 지나치면 안 되며, 지나치면 반드시 쇠합니다."

나는 '녹슬어 사라지지 않고 닳아서 사라지겠다'고 다짐한다. 풍족함은 사람을 점점 녹슬게 만든다. 그렇게 죽지는 않겠다.

한 번에 나를 꽉 채우면 그 순간부터 지옥이 시작된다. 파이어족(경제적 자립으로 조기 은퇴를 희망하는 사람들)을 꿈꾸는 사람들은 결핍을 없애고 풍족함을 가지면 남은 생이 행복할 거라 믿는데, 전혀 그렇지 않다. 고통을 싹둑 잘라내고 행복만 누리는 삶은 존재하지 않는다.

사람의 인생은 고통과 행복이 꼬여서 만들어진 새끼줄 같은 것이다. 여러 가지 감정들이 서로 악착같이 꼬여서 튼튼한 줄을 만들어낸다. 우리는 이 줄을 잡고 원하는 곳으로 올라간다. 행복만 가지고 살겠다는 사람은 한 줄의 실에 매달려 사는 사람이다. 그런 줄은 튼튼하지 못하다. 여차하면 끊어져 추락하고 만다.

삶을 결핍과 고통으로 튼튼하게 엮어야 한다. 그런 사람은 아무리 높은 곳에 올라가도 추락하지 않는다. 심리학자이자 정신과 의사인 융역시 『칼 융 레드 북』에서 같은 말을 한다.

＼ "결핍이 만족을 낳아. 풍요가 만족을 낳는 것은 아니야." … 『칼 융 레드 북』
448쪽

결핍은 의지력이다. 눈을 부릅뜨고 뼈만 앙상하게 남을지라도 마지막까지 한 걸음 앞으로 내디딘다. 삶의 마지막 1초까지 충만하게 산다. 결핍의 고마움을 알아야 한다. 한탕주의는 안 된다.

부족함을 자랑으로 여겨라. 그런데 요즘 사람들은 거꾸로 살고 있다. 실제 부족한데 풍족한 것처럼 SNS를 온통 허풍으로 가득 채운다. 그렇게 계속 허풍 속에 살다보면 착각이 일어난다. 현실과 생각에 괴리감이 생긴다. 몸은 이곳 우주에 있는데 마음은 저곳 우주에 있다. 몸과 맘이 서로 다른 우주에서 살고 있는 모습은 얼마나 끔찍한가!

현재 조금 모자란 상태에 있다면 그 순간을 사랑하고 감사하라. 그리고 채우려고 노력하라. 늘 조금 모자란 상태를 유지하라. 몸도 조금 춥게 하라. 긴장의 끈을 놓지 마라. 그리고 이 긴장감을 사랑하라. 지금 당장 거울 속 자신의 눈빛을 보라. 당신은 갈망하고 있는가? 최악의 상태는 부족한데 갈망하지 않는 것, 부족한데 그 자리에 머무는 것이다. 머물지 말고 흘러야 한다.

우주가 지금도 팽창하는 이유는 아직 공산이 부속하기 때문이다. 우주가 꽉 차서 팽창을 멈추면 아마도 세상의 종말이 올 것이다. 우주의 기본 원칙은 '변화'다. 우주는 이 시각에도 계속 팽창하며 변하고 있다. 우리는 우주다. 우주는 팽창해야 한다. 늘 자신이 부족하다고 여겨라. 그리고 채우려고 노력하라. 풍족하게 채웠다면 나눠주라. 내가 행복해지기 위해서 나눠야 한다.

╲ 공이 이루어져도 그 이룬 공 위에 자리 잡지 않는다. 오로지 그 공 위에 자리

잡지 않기 때문에 버림받지 않는다. … 『노자의 목소리로 듣는 도덕경』 35쪽

꽉 채워진 모든 것을 혼자 가지려 하면 버림받는다. 가장 꼭대기에 올라가서 자리를 차지하고 내려올 줄 모르면 버림받는다. 늘 부족함이 보이는 사람은 사랑받는다. 버림받지 않는다. 버림받기 전에 비워야 한다. 부족한 상태를 찾아 떠나야 한다. 우리가 체 게바라를 20세기 마지막 혁명가로 기억하고 사랑하는 이유는, 그가 쿠바에서 얻은 높은 직책을 버리고 다시 볼리비아 내전으로 떠났기 때문이다. 자신을 부족한 상태로 만들었기 때문이다.

모든 일은 대가를 치른다. 높음은 낮음의 대가를, 뜨거움은 차가움의 대가를, 곧음은 구부림의 대가를, 풍족함은 얽매임이란 대가를 치른다. 이런 순환의 원리를 잘 이해하고 한자리에 머물지 말고 유연하게 움직이자. 삶의 기초를 단단하게 꼬아 굵고 튼튼한 동아줄을 만들어야 한다.

가족을 잃고 상실감에 빠져 지내던 패트릭 브링리가 메트로폴리탄 미술관 경비원으로 일하며 쓴 책 『나는 메트로폴리탄 미술관의 경비원입니다』에는 이런 문장이 나온다. "이 달갑지 않은 역설을 직시하는 데는 거의 3년이 걸렸다. 내가 만약 덜 '대단한' 일을 하고 있었더라면 그동안 틈틈이 내 생각들을 흐릿하게나마 적어두었을 테고, 영감을

주는 주제가 있다면 그게 무엇이든 과감히 도전해 글을 써보았을 것이다. 하지만 도리어 이런 빅 리그였기에 내 생각에 스스로 족쇄를 채웠고 야망은 이상하리만치 줄어들었다."

무려 2천 년 전에 쓰인 『사기열전』과 최근에 쓰인 이 책에서 같은 이야기를 전한다. 이것이 바로 고전을 읽어야 하는 이유다. 고전을 미리 읽는다면 '달갑지 않은 역설을 직시하는 데 3년'까지 걸리지는 않을 것이다. 이미 세상을 보는 눈을 가졌기 때문이다.

고전을 읽을수록 결핍이 커진다. 당신의 그릇이 커지기 때문이다. 마음껏 돈을 벌어라. 최대한 높은 곳까지 승진하라. 괜찮다. 고전을 읽고 있다면 절대 거만해지지도 버림받지도 않으며 이 세상 끝날 때까지 반짝반짝 빛나는 삶을 살 수 있을 테니.

인생에
늦은 순간은 없다

『토지』는 1969년부터 1994년까지 쓴, 무려 26년의 창작 기간에 걸쳐 완성된 대하소설이다. 그래서인지 이 작품은 서문부터가 남다르다.

박경리 선생은 『토지』 1부를 연재 중이던 1971년 8월, 암 진단을 받고 수술을 받았다. 젊은 나이에 찾아온 병마와 싸우며 작품을 연재하기란 여간 힘든 일이 아니었을 텐데, 선생은 집필을 멈추지 않았다. 목숨이 있는 이상 '글을 쓰지 않을 수 없었다'고 서문에 밝힌 것처럼, 고통을 선택했다.

퇴원하고 바로 다시 집필에 들어갔다. 수술 후 통증으로 몸이 아팠고, 급격한 시력 감퇴에 글을 쓰는 행위 자체도 고통스러웠다. 육신의 고통이 너무 심하여, 글을 쓰는 과정 자체가 '맹렬한 투쟁'이었다. 하지만 박경리 선생님은 포기하지 않았다.

기회가 된다면 『토지』의 서문은 꼭 한번 정독해보길 바란다. 어떤 고전의 서문보다 힘차다. 서문이 이미 작품 이상의 감동을 불러일으킨다. 박경리 선생의 힘찬 기상이 고스란히 당신의 가슴에 복제되는 것을 경험하게 될 것이다.

이게 바로 삶이다. 제대로 사는 사람의 삶. 한없이 망설여지고, 고통이 밀려오지만 결국 앞으로 나아가는 삶을 선택하는 것이다.

인간은 느슨한 상태에서는 진정한 삶을 깨닫지 못한다. 아마도 박경리 선생 내면에서는 '좋은 음식을 먹고, 경치 좋은 휴양지에서 체력을 회복한 후에 글을 써도 되지 않냐'고 한 자아가 또 다른 자아를 수없이 유혹했을지 모른다. 하지만 고통이 설정에 달해 죽음조차 두려워지지 않는 그 순간에 오히려 눈빛이 살아나는 경험을 하고, 그것을 선택했다. 죽음보다 더한 고통이 찾아와도 굴복하지 않고 등을 돌려 달아나지 않고 정면으로 맞서 싸워 이기겠다는 나를 발견한 순간, 정신이 완성되는 것이다.

바다에 나가 고기를 잡는 늙은 어부의 이야기를 담은 『노인과 바다』속 산티아고 노인은 허구의 인물이지만, 박경리 선생은 실존하는 사람이고 실재하는 삶을 살아냈다. 물론 『노인과 바다』도 매년 한 번

씩 읽을 만큼 짜릿한 감동이 있는 소설이다. 하지만 오늘 밤, 박경리 선생이 태어난 통영에서 읽는 『토지』는 더 큰 감동을 전한다. 마치 번쩍하는 섬광이 머리를 쪼개고 심장에 정통으로 내리꽂히듯. 감동으로 인해 내가 천천히 변하는 게 아니라, 선생의 정신이 날카로운 칼이 되어 나태해진 나를 단칼에 내려친다. 새로운 나로 다시 태어나게 만든다. '사람이 이렇게 갑자기 변할 수 있구나' 믿기지 않는 마음으로.

이제 나는 아무리 험난한 길이 닥쳐올지라도 포기하고 좌절하며 돌아서지 않는다. 오로지 도전하고, 실패하면 다시 도전하고 또 도전해서 비상하는 사람이 된다. 통영이라는 지명은 어쩌면 인간에게 고'통'이 '영'원하다는 걸 알려주는 이름일 것이다. 이 고통은 저주가 아니라 인간을 비약적으로 날아오르게 만드는 고통이다.

고통 없이 자란 포도는 훌륭한 포도주가 될 수 없다. 척박한 땅에서 자란 포도나무는 스스로 뿌리를 깊게 내리고 포도다운 포도를 키운다. 농부들은 땅이 너무 비옥하면 작물이 약하게 자란다고 걱정한다. 이런 고통의 아이러니를 박경리 선생은 당신의 삶으로 직접 보여주었다. 그래서 『토지』는 어떤 작품보다 큰 감동을 준다.

특히나 보다 험난한 길이 남아 있으리라는 예감을 담은 마지막 구절은 절대 굴하지 않고 꿋꿋하게 글을 쓰겠다는 고통에 대한 여유마저 느껴진다.

고통을 극복해본 사람은 고통의 유익함을 안다. 고통에 저항하고 도망치는 사람은 결국 진짜 고통 속으로 빠져든다. 고통을 아는 사람은 도전하고 비상한다. 고통을 모르는 사람은 좌절하고 실패해서 더욱 큰 고통에 빠져든다. 고통은 도망칠수록 점점 더 큰 그림자가 되어 영원히 내 뒤를 따르며 나를 괴롭힐 것이다.

고통을 향해 고개를 획! 돌리고 눈에 핏발이 서도록 고통을 노려보라. 그리고 뚜벅뚜벅 걸어가라. 고통의 그림자를 향해 성큼성큼 뛰어가 몸을 던져라.

박경리 선생이 말하는 기개는 나이도 숫자에 불과하다고 말한다. 『토지』속 서금돌은 '오십 고개를 바라보는' 나이다. '본다'고 표현했으니 40대 후반일 것이고, 시대상을 감안하면 당시 사람들은 40대 후반이면 '몸은 늙었다'고 생각하는 게 당연했다.

"1897년의 한가위." 『토지』의 첫 문장이다. 1800년대 평균 기대 수명은 40세에도 미치지 못했다. 그로부터 200년이 지난 2020년 평균 기대 수명은 81세. 200여 년 사이에 생명의 시계가 2배가 늘었다. 그러니 서금돌이 말한 40대 후반의 나이는 지금의 80대 후반이다. 그런 서금돌이 이팔청춘으로 돌아간 듯, 몸은 늙었지만 구성진 목청만은 늙지 않았다고 하니 그 기개가 실로 대단한 것이다.

난 52세다. 절대 늙지 않았다. 우기는 게 아니다. 한 번도 52세인 내가 늙었다고 생각해본 적 없고 그렇게 느낀 적도 없다. 지금 52세인 내가 『토지』 속의 인물로 등장한다면 26세에 불과하다. 나는 3년 가까이 매일 새벽 5시 30분에 일어나 긍정 확언 영상을 찍어서 올리고 있는데 한 번도 힘들다고 느낀 적이 없다. 항상 에너지가 넘친다.

생각의 차이다. 나만 그런 게 아니다. 52세인 내 친구들 역시 여전히 철없고 어리고 에너지가 넘친다. 스스로 늙었다고 생각해본 적이 없는 사람들이다. 세상이 그렇게 변했다. 이 변화를 따라잡아야 한다. 52세면 뭔가를 시작하기에 심지어 이른 나이다.

"50이라니, 무언가를 시작하기에는 너무 늦었어요"라고 말하는 순간 늙은 사람이 되어버린다. 몸이 느려진다고 정신도 느려지는 게 아니다. 박경리 선생을 보라. 오히려 암 수술 후에, 어쩌면 수술 전보다 더 젊어진 싱싱한 정신력으로 투지를 불태우며 『토지』를 쓰지 않았는가. 몸의 문제가 아니다. 정신의 문제다. 정신이 젊어야 한다. 정신이 젊다는 것은 창의적인 생각이 봄날 새싹 돋듯이 무수하게 솟아나는 것이다.

고전을 읽고 고전에 대한 글을 쓰는 요즘 내 정신은 어린아이처럼 즐거운 호기심과 신기한 상상이 흘러넘친다. 그냥 멍하게 세월을 따라가면 늙는다. 고전 읽기는 세월을 역행하는 것이다. 심지어 시간을 지배할 수 있다. 수천 년의 지혜가 고스란히 압축된 고전은 수십 년 동안 경험을 통해 알 수밖에 없는 지혜를 한 권의 책으로 알려준다.

우리가 어떤 일을 할 때 경험이 쌓이면 점점 일을 완성하는 시간이 단축된다. 고전을 통해 삶을 완성하는 비밀을 미리 익힌다면, 서투른 삶의 시간을 건너뛰고 바로 능숙한 삶을 살 수 있다. 이게 바로 고전을 통해 시간을 압축하는 기술이다.

난 요즘 고전을 읽을수록 점차 젊어짐을 느낀다. 남들보다 빠른 시간 안에 일을 완성할 수 있다는 자신감이 생겨서다. 남들이 두 시간 만에 할 수 있는 일을 고전의 지혜를 통해 한 시간에 해낸다면, 남들에게 남은 인생 50년이 내게는 100년처럼 주어지기 때문이다. 고전을 읽으면서 점점 젊어진다. 고전은 오래되고 낡은 것이 아니다. 영화 속에서나 보던 타임머신을 실제 삶에 실행할 수 있는 게 바로 고전이다.

나는 얼마짜리

사람인가

    최진석 교수의 책 『최진석의 대한민국 읽기』를 읽다 이 문장에서 가슴이 뻥 뚫렸다.

> 문명은 세 개의 층으로 이루어진다. (중략) 시선이 물건에만 가 있으면 후진국, 물건과 제도에 가 있으면 중진국, 물건과 제도와 철학에 모두 가 있으면 선진국이다. … 『최진석의 대한민국 읽기』 250쪽

    문명 세계를 '물건-제도-철학'의 세 층으로 정리했다. 물건, 제도, 철학. 내 삶에 기준이 생겼다. 내가 운영하고 있는 식당 '메밀꽃이 피었

습니다'가 나아가야 할 방향이 명쾌해졌다.

창업 후 10년이 지난 요즘, 약간의 답답함을 느끼고 있었다. 문제는 내 시선이었다. 최근에 육수공장을 설립하고 프랜차이즈 시스템에만 관심을 가졌는데 책을 읽은 후에 한 단계 더 위에서 고민해야 한다는 점을 깨달았다.

난 물건과 제도까지만 보고 있었다. '물건'인 메밀국수를 어떻게 하면 더 잘 팔 수 있을까, '제도'인 프랜차이즈 시스템을 어떻게 하면 잘 구축할 수 있을까에만 관심이 있었지 그 다음 단계인 '철학'의 시선으로는 생각하지 않고 있었다.

내 시선의 수준을 인정하고 나니 갈 길이 보였다. '물건'과 '제도'를 팔려고 하지 말고 '철학'을 팔자. "명환아, 너는 메밀국수에 어떤 철학을 담을 기니?" 질문을 던졌다.

세계에서 철학을 가장 잘 팔고 있는 기업이 바로 나이키다. 나이키를 떠올려보라. 물건이 떠오르지 않는다. 위대한 스포츠 선수들, 새벽에 운동화 끈을 질끈 묶고 달리는 사람들, 그들의 땀방울, 그리고 Just do it! 나이키는 "우리 신발은 통풍이 잘 되고 가볍습니다", "가격이 저렴합니다"라며 물건을 홍보하지 않는다. "나이키는 전 세계에 생산 공장과 매장을 가지고 있기에 여러분은 언제 어디서나 우리 제품을 구입할 수 있습니다"라며 제도(시스템)를 이야기하지 않는다. 그저 위대한 스포츠 정신만 얘기할 뿐이다. 이처럼 철학이 확립이 되면 제도와 물건은 저절로 해결된다.

그렇다면 나는 어떤 철학을 내세울 것인가? 행복한 식당? 건강한 식당? 다시 오고 싶은 식당? 이런 생각에 잠긴 채 매장에서 서빙을 하고 있는데 여성 손님 한 분이 나를 조용히 부르더니 말했다. "이렇게 맛있는 음식을 만들어주셔서 너무 고마워요."

그래 이거다! 고마운 식당! 손님들이 내 매장을 방문한 후에 고마움을 느끼는 식당으로 만들자.

╲ 당신은 언제 가장 행복한가? 내가 했던 가장 성공적인 브랜딩의 전략과 방식
은 이 고민에서 출발하였다. … 『저는 브랜딩을 하는 사람입니다』 48쪽

'노티드 도넛'은 도넛(물건)을 팔지 않는다. 행복(철학)을 판다. 노티드를 브랜딩한 CMO 허준은 행복을 팔려면 어떻게 하면 될지 질문을 던지자 '선물'이라는 답을 얻었다고 한다. 인간은 선물을 줄 때도 받을 때도 행복하다. 행복은 나눌수록 커지니까 노티드 도넛을 선물하게 만들자. 그렇게 노티드 포장과 홍보, 마케팅 등 모든 방향에 긴요한 답을 얻었다고 한다.

철학의 시선은 어떻게 가질 수 있는가? 바로 고전을 읽는 것이다.

특히 『데미안』, 『노인과 바다』, 『변신』, 『이반 일리치의 죽음』 등등 고전 문학을 읽다보면 우리는 주인공에게 감정을 이입하게 된다. '물건'과 '제도' 수준에 있던 내가 책을 읽는 동안은 그 책의 주인공이 되어 '철학'의 높이에서 세계를 바라보는 시간을 누리는 것이다. 현실의 몸값으로 따지면 몇천만 원짜리인 내가 무한대로 돈을 벌 수 있는 정신세계를 경험하고 오는 것이다. 돈을 많이 벌고 싶다면 더욱 고전 문학을 읽어야 하는 이유다.

＼ 예술품을 사라. 당신에게 말을 거는 작품을 구입하라. 진정한 예술품은 당신의 삶에 파고들어 변화를 일으킬 것이다. 진정한 예술품은 초월자를 들여다보는 창이다. 우리는 유한하고 제한된 존재, 무지에 매인 존재이기 때문에 그런 창이 필요하다. 초월자와 연결되지 못하면 위협적인 도전 과제를 이겨낼 수 없다. … **『질서 너머』 237쪽**

조던 피터슨이 『질서 너머』에서 예술품을 사라고 말하는 이유도 '철학'의 세계를 경험하라는 맥락에서다. '물건'과 '제도' 수준에 묶여 있는 우리는 예술품이라는 창을 통해 초월자인 철학의 세계를 볼 수 있고 체험할 수 있다. 예술 작품은 그렇게 우리 사유의 시선을 끌어올려 자신이 원하는 삶을 살 수 있도록 만들어준다.

나는 드디어 예술 작품을 어떤 자세로 감상해야 하는지 깨달았고 당장 예술의전당 한가람미술관으로 달려가 에드바르 뭉크를 만났다. 난 오로지 뭉크가 그림을 통해 우리에게 어떤 '철학'을 전달하려고 하는가에만 집중하고 그림을 감상했다. 뭉크의 그림에는 불안과 절망, 어둠이 가득했다. 뭉크의 절규는 "인생은 원래 괴로운 거야"라고 외치고 있었다.

구불구불 이어진 뭉크의 그림들을 모두 감상하고 나오자 오히려 몸과 마음이 가벼워졌다. 뭉크는 인생이 고통이라고 절규하고 있었다. 인생이 본디 그렇게 고통스러운 것이라면 지금 나는 꽤 괜찮은 삶을 살고 있는 것이다. 나는 뭉크만큼 괴롭진 않다.

또 하나, 뭉크는 1863년에 태어나서 1944년에 81세의 나이로 사망했다. 1900년 한국의 평균 수명은 47세였으니 장수한 셈이다. 뭉크는 어쩌면 고통과 불안, 절망을 삶의 에너지로 삼았으리라. 뭉크의 절규는 아픔을 외치는 게 아니었다. "고통아 덤벼라. 내가 기꺼이 싸워주마!"라고 외치는 것이었다.

아직 '제도' 수준에 머물러 있는 나는 뭉크 전시회를 통해 '철학'의 세계를 흠뻑 느끼고 왔다. 고전 문학을 읽을 때도, 전시회에서 그림을 감상할 때도 뇌의 한쪽은 주유소의 미터기처럼 숫자가 나타나 빠르게 회전하면서 숫자가 커지는 상상을 한다. 바로 내 몸값이 높아지는 것이다.

"나는 얼마짜리인가?"

수시로 질문한다. 솔직히 말해보자. 우린 모두 돈을 잘 벌고 싶지 않은가? 내가 경험한 바로는 그림을 보고 음악을 듣는 것도 좋지만, 고전 문학을 읽으며 주인공에게 깊이 감정을 이입했을 때 가장 생생한 철학의 세계를 경험할 수 있다. 그로써 내 몸값이 엄청나게 올라가는 것을 느꼈다. 우리가 그렇게도 원하는 돈을 잘 벌기 위한 가장 빠른 길이다.

마땅히 살아야 할
삶을 살고 있는가

『안나 카레니나』라는 걸작을 남긴 러시아의 대표 문호 레프 톨스토이. 1878년 『안나 카레니나』를 발표한 톨스토이는 한 지방 재판소의 배심원으로 일했다. 그러다 어느 검사의 갑작스러운 죽음을 겪으며 또 한 편의 소설을 완성한다. 바로 『이반 일리치의 죽음』이다. 이 책을 읽다 이 문장에서 멈췄다.

╲ '어쩌면 내가 마땅히 살아야 할 삶을 살지 않은 건 아닐까?' … 『이반 일리치의
  죽음』 81쪽

모든 생물은 '마땅히 살아야 할 삶'을 살고 있다. 그런데 인간만이 그렇지 않다. 왜 인간만이 마땅히 살아야 할 삶을 살지 못하게 되었는가? 마땅히 살아야 할 삶은 어떻게 사는 것인가?

우리는 어린 시절, 누구나 마땅히 살아야 할 삶을 산다. 내가 어떻게 할 수 없는 시간이다. 서울에서 태어나고 싶다고 해서 서울에서 태어날 수는 없다. 난 경상북도 상주에서 태어났다. 생각해보면 중학교를 졸업할 때까지 자유 의지가 없었다.

고등학생이 되어서야 처음 자유 의지를 실행했다. 엄마와 선생님이 반대하는 연극영화학과에 입학한 것이다. 오로지 나의 행복과 출세를 위해 선택한 첫 번째 의지의 표현이었다.

대학교에 들어가서는 정신이 없었다. 시골에서 올라온 나는 서울에서 온 친구들과 문화적 차이가 너무 컸다. 일단 사투리가 고쳐지지 않아 제대로 연기를 할 수 없었다. 어설픈 표준어 사용은 웃음을 자아냈고 주변 선후배와 교수님들도 '웃기는 고명환'이라고 평했다. 어느 순간 스스로 나를 웃기는 사람으로 못 박았다.

결국 대학을 졸업하기도 전에 개그맨이 되었다. 무명 시절을 겪으며 고생했지만, 나중에는 서울에 집도 사고 연예대상에서 상도 받았다. 연극영화학과를 졸업한 뒤 마땅히 살아야 하는 삶을 잘 살고 있다고 생각했다.

이반 일리치의 진짜 즐거움은 중요한 사회적 지위에 있는 신사 숙녀들을 초대하여 함께 시간을 보내는 작은 만찬을 여는 것이었다. … 『**이반 일리치의 죽음**』 **39쪽**

이반 일리치는 성공한 정부 관료였던 아버지 밑에서 자랐다. 아버지처럼 그도 안정적인 삶을 살았다. 보좌관을 거쳐 판사가 되었고 능력도 좋아 사람들에게 인정받았다. 결혼도 했고 행복한 생활을 이어갔다. 이반 일리치의 삶은 말 그대로 '마땅히 그래야 한다고 생각한 대로' 계속 흘러갔다. '유쾌하고 품위 있게.'

내 삶도 유쾌하고 품위 있게 흘러가고 있었다. 오직 성공과 재산을 위해 두세 시간만 자며 달리고 있는 나 자신이 자랑스러웠다. 쉬지 않고 달렸다. '마땅히 어떤 삶을 살아야 하는가?'라는 질문을 던질 여력이 없었다. 세상은 나를 돌아볼 만한 여유를 주지 않았다. 일단 달리기 시작하면 한 방향으로 계속 달릴 수밖에 없다. 이 방향이 맞는지 아닌지도 모른 채. 그렇게 8년을 쉼 없이 달리다 교통사고가 났다.

의사가 말했다. "고명환 씨, 길어야 사흘 살 수 있습니다. 정신이 돌아왔을 때 유언도 남기시고 주변 정리할 것들도 정리하시라고 알려드립니다."

너무 이상했다. 이게 아닌데. 8년 동안 잠도 못 자고 나중에 있을 행복한 날을 꿈꾸며 쉼 없이 달려왔는데? 내가 사놓은 아파트에서 하룻밤 자보지도 못했는데 죽는다고? 그렇게 열심히 준비한 미래를 한 순간도 누려보지 못하고 죽는 거지? 그럼 어떻게 살았어야 했단 말인가? 준비해온 미래를 만날 수 없다는 사실을 왜 아무도 내게 알려주지 않은 거지? 나만 몰랐을까? 꿈인가? 이럴 수가 없는데?

이반 일리치에게도 그 순간이 찾아온다. 행복했던 부부생활은 아기가 태어나면서 나빠지기 시작했다. 이반 일리치는 가족 대신 성공에 집착하며 더 많은 돈을 벌기 위해 상트페테르부르크로 떠나지만 사다리에서 떨어지는 사고를 겪으며 옆구리 통증이 시작된다. 육체적 고통은 우울증으로 번지고, 주변 사람들과의 관계도 더 악화시킨다. 그제야 이반 일리치는 이렇게 생각한다.

'내 모든 삶, 내 의식적인 삶이 옳지 않은 것이라면?'

전에는 이런 생각이 전혀 떠오르지 않았지만, 자신이 마땅히 살아야 했던 삶을 살지 못했으며 그것이 사실일 수도 있다는 생각이 들었다. 가장 높은 지위에 있던 자들이 좋다고 여기는 것에 맞서 싸우려고 했던 눈에 띄지 않았던 충동, 그가 즉시 억눌렀던 그런 충동이 진짜이고 나머지는 전부 거짓일 수도 있다는 생각이 떠올랐다. 그의 일, 삶의 방식, 가족, 사회적 및 직업적 이해관계 역시 모두 거짓일 수도 있었다. ⋯ 『이반 일리치의 죽음』 86쪽

이반 일리치 역시 죽음 앞에 가서야 이런 질문을 던진다. 인간들만 왜 죽음 앞에서 진실을 알게 될까? 저 바닷속에 고등어도, 갯바위를 누비고 다니는 길고양이도, 한창 빨강을 자랑하는 동백꽃도 마땅히 살아야 할 삶을 이미 알고 잘 살고 있는데, 왜 인간만 돌고 돌아 죽음 앞에 가서야 잘못 살아왔음을 깨달을까? 심지어 잘못 살아왔다는 사실만 알 뿐 어떻게 살아야 하는 건지는 여전히 알지 못한다.

이게 아니라면 어떻게 살아야 하는 걸까? 너무 궁금해서 책을 읽기 시작했다. 언젠가 있을 행복한 날을 만나지 못한다면 지금 이 순간을 행복하게 살아야 하는데, 지금을 사는 방법은 무엇인가?

"카르페 디엠, 현재 이 순간에 충실하라."

매 순간을 즐기면서 살라고? 어떻게? 자본주의 사회에서 지금 즐기며 살려면 돈이 필요한데, 돈은 어떻게 하라고? 돈 버는 순간을 즐기라는 말인가? 그런데 즐긴다는 게 뭐지? 현재 이 순간에 충실하라. 아! '즐기다'가 아니라 '충실하다'구나. 사전을 찾아보자.

＼ **충실하다** … 내용이 알차고 단단하다.

알겠다. 내 하루를, 지금을 알차고 단단하게 채우자. 즐긴다는 건 그 냥 소비하는 느낌이다. 알차고 단단해지기 위해서는 '생산'해야 한다.

나는 무엇을 생산할 수 있는가? 일단 내가 할 수 있는 걸 적어보자. 웃기기, 요리하기, 노래하기, 운동하기, 낚시하기, 장사하기, 책 읽기, 글쓰기, 아이디어 만들기……. 그래, 이 중에 요리하기로 음식을 생산하고, 글쓰기로 책을 생산해보자. 그렇다면 내가 생산한 음식과 책으로, 내가 돈을 벌고, 그 돈을 내가 소비하면 알차고 단단한 것인가? 아니다. 이반 일리치는 이렇게 말한다.

＼ 그들이 가엾다. 그들이 아파하지 않도록 해야만 한다. 그들을 구출하고 스스로 이 고통에서 벗어나야 한다. '얼마나 훌륭하고 얼마나 간단한가!' … 『이반 일리치의 죽음』 91쪽

이전까지 나는 오로지 나 자신만 생각하는 방향으로 인생을 설계했었다. 수백 권의 책을 읽고서야 '나'가 아닌 '남'이라는 단어를 발견했다. 나를 위해서 생산하지 말고 남을 위해서 생산한다? 결국 세상에 필요한 가치를 만들면 되겠구나!

내가 만들 수 있는 가치는 무엇인가? 이 질문이 내 인생을 바꿨다. '가치'는 '같이' 사는 것이다. 나도 살고 남도 살 수 있는 방법, 그것이

가치다.

식당을 운영할 때 나도 만족하고, 고객도 만족하는 선에서 이윤을 남기면 된다. 아니다. 고객이 좀 더 만족하는 쪽으로 내 이윤을 낮추는 것이 '같이' 사는 것이다.

내가 쓴 책을 통해서 독자가 낸 책값보다 훨씬 더 큰 이익을 얻도록, 지금 이 순간 최선을 다하자. 그것이 바로 즐기는 삶이고 마땅히 살아야 하는 삶이다. 밤을 새워 자료를 찾고, 오래된 책 먼지 때문에 콧물이 계속 흘러내리는 이 순간 나는 행복하다.

얼마나 훌륭하고 간단한가! 그저 시선의 방향을 돌리기만 하면 된다. '나' 중심에서 '남' 중심으로 기준을 바꾸면 끝이다. 지금 하는 일을 다른 일로 바꿀 필요도 없다. 한 번에 바뀌지 않으면 『이반 일리치의 죽음』을 읽어라. 이 책은 92쪽밖에 안 된다(책 속 단편의 분량이 그렇다는 말이다). 하루면 충분히 읽을 수 있다. 92쪽을 읽는 동안 당신의 삶도 함께 펼쳐지리라. 그리고 알게 될 것이다. 당신이 마땅히 살아야 할 삶의 방향을!

훌쩍 지나간
시간의 의미

칼 융이 말했다. "진리에 이르는 길은 의도를 갖지 않은 사람에게 만 열려 있다"고.

남산 도서관에서 『칼 융 레드 북』을 읽다가 멈췄다. '의도를 갖지 않는 것'은 무엇을 뜻하는가. 이 글을 쓰고 있는 순간에 베스트셀러가 되겠다는 의도를 갖지 말라는 말이다. 장사를 하는데 돈을 벌겠다는 의도를 갖지 말라는 말이다. 세상을 사는데 행복하겠다는 의도를 갖지 말라는 말이다. 어떻게 그럴 수 있는가? 오늘 이 책을 100쪽까지 읽을 작정이었는데 34쪽에서 멈추고 책을 덮는다. 그리고 산책하러 나간다. 사색이 이어진다.

'의도를 숨기라는 건가? 아니면 아예 없애라는 건가? 돈을 벌고 있는데 돈을 벌겠다는 의도를 어떻게 없애지?'

남산 도서관에 붙어 있는 작은 공원을 돌고 돌고 또 돈다.

'어떻게 하면 의도를 갖지 않을까? 테레사 수녀, 법정 스님 정도가 되어야 가능한 일 아닌가? 나처럼 세상에 물든 사람이 어떻게 의도를 갖지 않을 수 있을까?'

갑자기 후두둑 하고 날아든 새소리에 정신을 차려보니 남산 도서관 간판에 불이 켜졌다. 3시에 나온 것 같은데 벌써 저녁 6시다.

'몇 시간째 여길 돌고 있었던 거지? 시간이 이렇게 지나간 줄 몰랐네……. 앗! 이거다. 이거야.'

몰입이다. 의도를 잊는다는 건, 의도를 숨긴다는 건 바로 몰입하는 거였다.

처음 공원을 걷기 시작할 때 내게는 무언가를 깨닫겠다는 의도가 있었다. 그런 의도를 가지고 계속 걸었다. 그러다 생각에 빠져들었고, 그 사유에 잠기는 순간 깨닫겠다는 의도는 사라지고 오직 '진리에 이르는 길은 의도를 갖지 않는 것'이란 문장에만 집중하게 됐다. 그 뜻을 깨달아서 책에 쓰겠다는 의도는 없어지고 오직 문장과 내가 하나가 되어 걷고 또 걸은 것이다. 행위 그 자체가 목적이 된 순간! 이 순간이 바로 몰입이다.

'몰입(flow)' 이론의 창시자이자 세계적 석학인 미하이 칙센트미하이 교수는 『몰입 Flow』에서 몰입을 이렇게 정의한다.

＼ 플로우란 행위에 깊게 몰입하여 시간의 흐름이나, 공간, 더 나아가서는 자신에 대한 생각까지도 잊어버리게 될 때를 일컫는 심리적 상태이다. … 『몰입 Flow』 5쪽

칙센트미하이 교수는 인간은 몰입해 있을 때 가장 행복하다고 말한다. 정말 그렇다. 이 글을 쓰려고 노트북을 켤 때까지만 해도 이 책이 베스트셀러가 되고 해외로 수천만 부가 팔려 나가길 바라는 의도를 숨길 수 없었다. 하지만 글을 쓰기 시작하고, 자료를 찾고 생각을 모아서, 글 자체에 집중하자 의도가 사라졌다. 시간이 어떻게 지나갔는지도 모를 만큼 생각에 잠겨서 걸었던 그 순간이, 결과를 떠나서 가장 행복한 시간이었다.

〈별이 빛나는 밤〉과 〈자화상〉 등 수십 년간 전 세계인들의 사랑을 받은 그림 작품을 남긴 빈센트 반 고흐는 이런 말을 남겼다.

＼ "때때로 너무나도 강렬한 감정에 빠져 나 자신이 지금 무엇을 하고 있는지 모를 때가 있다. (중략) 마치 말을 할 때나 편지를 쓸 때 거침없이 단어들이 줄줄

쏟아져나오듯이 붓놀림이 이루어지곤 한다." … 『서양미술사』 547쪽

즐긴다는 건 이런 순간이다. 그림을 그리는데, 자신이 무엇을 하고 있는지 모를 정도로 몰입했을 때 걸작이 탄생하는 것이다. 내가 장사할 때도 마찬가지다. 메밀국수를 팔러 출근할 때는 항상 돈을 벌겠다는 의도가 있다. 하지만 장사를 시작하고, 주문을 받고, 서빙하고, 메밀국수를 삶다보면 어느새 행위 자체에 몰입하게 되고 돈을 벌겠다는 의도를 잊는다. 무아지경 속에서 바쁜 시간이 훌쩍 지나간다. 그러다보면 돈은 저절로 벌려 있다.

'훌쩍 지나간 시간'은 인간이 느낄 수 있는 가장 행복한 순간이다. 어쩌면 지금 이 글을 읽고 있는 당신도 이런 순간을 경험했을지 모른다. 처음에는 책을 읽어 돈을 벌고, 지식을 얻고, 깨달음의 경지에 도달하겠다는 의도를 품었지만, 어느 순간 사라지는 경험(내 책이 그런 책이 되기를…… 앗! 의도가 또 생겼네 이런!). 독자는 자신과 잘 맞는 책을 통해 임계점을 돌파하게 된다.

의도는 전략이고, 몰입은 전술이다. 돈을 벌겠다는 의도는 얼마든지 가져라. 대신 일에 들어가면 집중하고 몰입해서 즐겨라. 돈을 좇지 않고 돈이 나를 따라오게 만드는 방법이 바로 이거다. 당신이 창업해서 일을 하든 직장에서 일을 하든 상관없다. 어디에서든 일하기 시작

하고 10분 후에는 몰입하라.

당신의 일을 그렇게 만들 수 있다. 가장 좋은 방법은 나를 위해 일하지 말고 남을 위해 일하는 것이다. "그래, 나도 남을 위해 한번 일해보자. 지구를 위해 가치를 만들어보자" 하고 덤비면 된다.

더 좋은 방법은 주어진 일만 하는 게 아니라 스스로 찾아서 일을 해보는 거다. 이게 바로 21세기 가장 영향력 있는 비즈니스 전략가 세스 고딘이 말한 '지시받는 사람이 아닌 지시하는 사람의 삶'이다.

지시하는 사람이란 권력을 가지고 다른 사람을 지시하는 게 아니라, 나 자신에게 스스로 지시하는 사람이다. 남이 시키는 일을 하는 게 아니라 내가 시키는 일을 하는 사람. 그때 인간은 몰입할 수 있다. 이렇게 해봤는데도 몰입할 수 없는 일이라면 그곳을 떠나라. 몰입할 수 있는 다른 일을 찾아라.

오늘 하루 미치도록 몰입해서 일했다면 나는 죽음이 당장 닥쳐와도 평화롭게 맞이할 자신이 있다. 지금은 2023년 12월 30일 새벽 4시 10분이고 욕지도에서 이 글을 쓰고 있다. 『칼 융 레드 북』에서 『몰입 Flow』로 생각이 이어지며 완성된다. 이런 깨달음이 내게 자유를 준다. 돈으로부터 자유, 죽음에 대한 공포로부터 자유. 미래에 대한 걱정으로부터의 자유.

새벽 2시에 일어나 글을 쓰기 시작했고, 다시 시계를 보니 두 시간이 훌쩍 지나갔다. 내게 이보다 행복한 두 시간이 있을까? 억만금을 쓰며 여행하고 맛있는 음식을 먹고 쇼핑하는 것보다 훨씬 행복하다.

칙센트미하이 교수의 책 표지를 다시 본다. 제목에 '몰입'이라고 크게 쓰고, '미치도록 행복한 나를 만난다'라고 적었다. 소비를 통해서는 미치도록 행복한 나를 만날 수 없다. 소비는 끌려가는 것이고 지시 받음이기 때문이다. 인간은 자신의 시간을 지배할 때 미치도록 행복해진다. 시간을 지배하는 방법은 몰입이다.

이 글을 읽는 새 10분이 훌쩍 지나갔다면 당신은 미치도록 행복한 순간을 경험한 것이다. 기억하라 이 순간을!

누군가의 그림자로
살지 않는다

역사를 공부하다보면 과거에 수많은 천재가 탄생했음을 알 수 있다. 그런데 유독 현대에 와서는 천재가 나타나지 않는다. 그 많던 천재들은 어디로 사라진 것일까?

＼ '박제가 되어버린 천재'를 아시오? ··· 『날개』 268쪽

이상의 『날개』 첫 문장이다. 우린 모두 천재로 태어났지만 자라면서 천재성을 잃었다. 아니 잊었다. 우리는 자신이 천재라는 사실을 잊었다. 왜 잊었는가? 그 대답을 『젊은 베르테르의 슬픔』에서 찾았다.

"자기 아이들을 자기 모습대로 교육하고 있으니 말이야." … 『젊은 베르테르의 슬픔』 41쪽

　　나의 부모님 세대는 힘든 시대를 살았다. 전쟁과 가난으로 인한 배고픔이 컸다. 그들은 이 배고픔을 자식에게 물려주고 싶지 않았다. 그래서 아이들에게 안정적인 삶을 살라고 가르쳤다. 배고프지 않도록 미래가 보장된 직업을 갖게끔 키웠다. 그래서 현대를 살고 있는 우리는 어떤 삶을 살고 있는가?

　　천재성을 잃어버린 현대인은 누군가의 그림자로 산다. 무라카미 하루키도 소설 『도시와 그 불확실한 벽』에서 우리는 누군가의 그림자에 지나지 않는다고 말했다. 그림자는 스스로 먼저 앞서가지 못한다. 항상 누군가를 따라다닌다. 아무리 용기 있다 한들 방법을 모른다. 그림자의 삶은 늘 본체를 따라다닐 뿐.

　　나 역시 책을 읽기 전에는 34년을 그림자로 살았다. 사회에서 교육받은 대로, 다른 사람들이 가는 길을 그저 따라갔다. 아주 열심히 따라다녔고 스스로 잘 살고 있다고 믿었다. 다른 길을 생각해본 적도 없고 생각할 수도 없었고 생각하는 방법도 몰랐다. 남들을 따라 걷고 있는 길 외에 다른 길은 없다고 믿었다. 모든 사람이 안정적인 그 길을 가고 있었고 그들이 행복해 보였으니까. 그러다 교통사고가 났고, 남들을

따라가던 줄에서 이탈하게 됐다.

처음엔 안정적인 줄에서 이탈한 것이 두려웠다. 돌아가고 싶었지만 내 몸이 이전으로 돌아갈 수 없는 상태가 됐기에 책을 읽으며 돌아갈 방법을 찾으려 애썼다. 다른 세계가 있는 줄은 꿈에도 몰랐으니까. 그렇게 책을 읽다가 무수히 많은 새로운 길이 존재함을 알고 깜짝 놀랐다. 그 새로운 길에는 자유가 있다는 점에 더 놀랐다.

그림자의 삶에는 자유가 없다. 자기가 원하는 방향으로 갈 수가 없다. 그냥 열심히 본체를 쫓아갈 뿐이다. 나도 그랬다. 열심히 따라가다 보면 내가 본체가 될 줄 알았다. 언젠가 올 그날에 자유를 얻을 수 있으리라 믿었다. 하지만 그 길엔 영원히 자유가 없다. 나의 길이 아니기 때문이다. 그림자는 절대 본체를 앞설 수 없고 본체가 될 수도 없다.

우리 사회가 말하는 안정적인 직업이란, 누군가의 등 뒤에 붙어서 닥쳐오는 위험을 모두 그가 물리쳐줄 거라 믿으며 그 뒤를 졸졸 따라가는 그림자의 삶이다. 그 방향으로 계속 따라가봤자 영원히 그림자일 뿐이다. 방향을 바꿔야 한다. 자기만의 빛을 찾아야 한다. 그 빛을 자신이 정면으로 바로 받아야 한다. 나로 인해 내 뒤에 그림자가 생겨야 한다. 나는 이 원리를 깨닫고 방송국이라는 빛줄기에서 벗어나 요식업, 작가, 강사라는 길로 방향을 틀었다. 누군가의 그림자가 아니라 내가 당당하게 빛날 수 있는 방향을 찾았다.

본체의 삶을 살게 된 나는 자유롭다. 잠도 여섯 시간 이상 푹 잔다. 언제든 내가 가고 싶은 방향으로 날아갈 수 있다. 삶의 방향을 찾은 지금은 그림자로 살 때보다 열심히(그림자의 기준으로 봤을 때) 살지 않지만, 더 안정적이고 자유롭다. 알에서 깨어났고, 내 안에 잠든 거인을 깨웠다. 집오리로 생을 마감하는 대신 원래 내가 태어난 대로 천재 오리가 되어, 원하는 곳을 향해 힘껏 날고 있다. '나'라는 본체는 하늘에 있고 내 그림자는 땅에 있다. 그야말로 삶의 질이 하늘과 땅 차이다.

당신은 천재로 태어났다. 당신은 실존하는 본체다. 그림자가 아니다. 당신이 잘못 산 게 아니다. 몰라서 그랬다. 지금부터 찾아가면 된다. 해답을 가진 건 오직 책뿐이다.

스스로 생각하고 판단하고, 스스로 길을 찾아 날아가야 한다. 누군가의 그림자로서 뒤에 숨지 말고 태양의 빛을 정면으로 흠뻑 받아라. 책이 날개가 되어주리라. 박제가 되어 굳어버린 당신의 날개에 뜨거운 피를 돌게 할 것이다. 당신은 천재다.

＼ 날개야 다시 돋아라.

날자. 날자. 한 번만 더 날자꾸나.

한 번만 더 날아 보자꾸나. … 『날개』 299쪽

모든 것은
연결되어 있다

삶의 진리는 의외로 단순하다. 그리고 인생의 진리를 담은 고전 역시 모두가 같은 이야기를 한다. 고전을 읽다보면 모두가 연결되어 있음을 발견할 수 있다. 『성경』에는 이런 구절이 나온다.

＼ 전도자가 이르되 헛되고 헛되며 헛되고 헛되니 모든 것이 헛되도다. … 「전도서」1장 2절

'헛된 것'은 인간이 인위적으로 만든 것을 말한다. 태초의 말씀이 바로 내가 태어난 단 하나의 이유다. 나는 누구인가를 알려면 태초에

내게 주어진 말씀을 알아내면 된다. 그런데 내 머릿속에는 인간이 만들어놓은 온갖 생각이 가득 차 있다. 이 생각들을 뚫고 태초의 말씀에 어떻게 닿을 수 있을까?

이에 대해 쇼펜하우어는 『쇼펜하우어의 행복론과 인생론』에서 말한다.

＼ 언제나 주요한 일은 직관을 개념에 앞서도록 해야지, 그것이 거꾸로 되어서는 안 된다는 사실이다. … 『쇼펜하우어의 행복론과 인생론』 475~476쪽

쇼펜하우어는 개념 앞에 직관을 두라고 한다. '개념'은 사람들의 공통된 생각이고, '직관'은 내가 직접 관찰하고 직접 판단하고 직접 결정하는 것이다. 그렇다고 개념인 공통된 생각을 모두 제거해야 하는가? 공통된 생각 속에는 내 생각도 포함되어 있지 않겠는가? 어디까지가 공통된 생각이고 어디까지가 나만의 직관인가?

이에 대해 알베르 카뮈는 『이방인』에서 말한다. 이 소설의 주인공인 뫼르소는 거짓말하기를 거부한다고.

알베르 카뮈는 인간은 거짓말을 하지 않는다고 말한다. 여기서 거짓말은 남에게 피해를 주는 거짓말, 오히려 남을 즐겁게 해주는 선의의 거짓말 정도가 아니다. 내 목숨을 구할 수 있는데도 거짓말은 하지

않는다는 극단의 상황을 의미한다. 당신은 이 상황에서 거짓말을 하지 않을 수 있는가?

이에 대해 칼 구스타프 융은 『칼 융 레드 북』에서 말한다.

\ "진리에 이르는 길은 의도를 갖지 않은 사람들에게만 열려 있다는 것을 아직도 몰라?" … 『칼 융 레드 북』 34쪽

융은 살겠다는 의도를 가지고 거짓말을 하면 진리에 이르지 못한다고 말한다. 내 목숨까지 던지면서 찾으려는 진리는 과연 무엇인가? 소크라테스가 제자들의 도움으로 감옥에서 나올 수 있었지만 거절하고 독배를 마실 때 마음이 이런 것이었나? 그렇다면 오래 사는 게 좋다는 것은 진리가 아닌가? 그런데 왜 사람들은 기어이 오래 살려고 노력하는가?

이에 대해 루소가 『에밀』에서 말한다.

\ 가장 오래 산 사람은 가장 나이 들어 죽은 사람이 아니라 인생을 잘 느끼다 죽은 사람이다. … 『에밀』 20쪽

이 말은 또 무슨 말인가? 인생을 잘 느끼기 위해서 무엇이 필요한

가? 잘 느낀다는 것은 어떤 인위적인 것의 방해도 받지 않고 자연스럽게 내 안에서 솟아 나오는 느낌이다. 노자는 이것을 '무위(無爲)'라 했다. 헛된 것을 걷어 낸, 개념에 갇히지 않은, 거짓과 의도가 없는 순수한 물처럼 내 안에서 자연스럽게 솟아나는 힘으로 알을 깨고 세상으로 박차고 나와 진짜 나로 살아야 한다는 말이다.

이에 대해 헤르만 헤세가 『데미안』에서 말한다.

╲ 새는 알을 깨고 나오려 힘겹게 싸운다. 알은 세계이다. 태어나려고 하는 자는 세계를 깨뜨려야 한다. … 『데미안』 127쪽

나는 과연 알을 깨고 나왔는가? 오래 사는 게 좋은 게 아니라는 사실이 진심으로 믿어지는가? 많은 돈이 무조건 좋은 게 아님을 진심으로 믿는가? 그렇다면 이 자본주의 사회에서 얼마만큼을 가지고 언제까지 사는 게 진리인가? 결국 나는 어떻게 살 것인가?

정답을 찾으려는 게 아니다. 수많은 경우의 수를 머릿속에 그렸다 지웠다 한다. 이 과정을 통해서 내가 발전하는 것이다. 자기를 찾아가는 과정이다. 우리는 죽기 전까지 치열하게 이 과정을 계속 반복한다. 삶은 결국 진짜 나를 찾아가는 과정이다. 태초에 순수하게 태어난 나로 돌아가는 것이다.

성경의 헛된 것, 쇼펜하우어의 개념, 이방인의 거짓말, 칼 융의 의도, 도덕경의 인위, 데미안의 알……. 이런 것들이 연결돼 있다는 걸 깨달을 때 세상을 연결할 수 있는 눈이 생긴다. 당신이 살고 있는 시대에 무엇과 무엇을 연결해야 가치를 만들 수 있는지 알고 싶다면 고전을 읽고 연결된 생각들을 찾아내면 된다.

이렇게 연결된 고전들을 읽고 생각에 몰입하는 이 순간의 '나'가 참된 '나'라는 것은 확실하다. 오늘 밤, 드디어 참된 '나'를 만났다. 내 나이 쉰두 살이다. 늦지 않았다.

2부

어떻게 살아야 하는가

바라는 바가

소박했기 때문이다

결혼 10주년, 아내와 함께 신혼여행으로 갔었던 프라하로 다시 여행을 갔다. 우리가 묵던 호텔 근처에 자주 가던 커피숍이 있었다. 사장이 혼자 운영하는 커피숍으로, 손님을 대하는 방식이 인상 깊었다.

작은 커피숍인데 커피가 맛있어서 늘 손님들이 줄을 서서 기다린다. 같은 요식업을 하는 나의 시선에서 봤을 때 '주문을 좀 더 빨리 받고 회전율을 높이면 수익을 훨씬 많이 얻을 수 있을 텐데……'라는 생각이 든다. 하지만 그는 그렇게 하지 않는다. 손님 한 명, 한 명에게 커피에 대해 자세하게 설명해준다. 커피나무가 사는 지역의 환경이 어떤지, 그 커피가 세계대회에서 몇 등을 했는지, 무슨 맛이 나는지 등등.

커피를 내리는 동안 한참 얘기한다. 심지어 커피를 내어주고도 계속 얘기한다.

희한한 것은 기다리는 사람들도 당연하다는 듯 그 대화를 들으며 웃으며 기다린다는 점이다. 오직 나만 안달이 나서 '아니 왜 빨리 주문을 안 받고 계속 얘기만 하는 거야?'라며 조바심을 냈다. 계산하는 과정도 우리나라보다 세 배 정도는 오래 걸린다. 카드를 주고받고, 영수증을 확인하고, 현금인 경우 거스름돈을 내어주는 동작도 엄청 느리게 보인다. 내 눈에는. 그야말로 복장이 터진다.

이제 끝인가 싶지만, 사장은 그 손님이 커피를 들고 문밖으로 사라질 때까지 계속 인사를 나눈다. 오늘 좋은 하루 보내라. 내일 또 보자. 내일은 한 시간 늦게 문을 연다 등등. 그 손님이 완전히 사라지면 어느 정도 정리를 하고 그다음 손님에게 주문을 받는다. 기다리는 사람도 재촉하는 법이 없다. 단 한 번도.

이런 여유는 도대체 어디서 오는 걸까. 포털사이트에서 '체코'를 키워드로 검색했다. 국가별 GDP 47위(대한민국 13위), 1인당 GDP 순위 37위(대한민국 29위). 우리나라보다 훨씬 못 산다. 그런데 대체 왜 돈을 더 빨리 벌려고 애쓰지 않을까? 왜 회전율을 높이지 않고 손님과 계속 대화를 나눌까? 이런 내게 정신을 번쩍 들게 해주는 문장이 바로 『플루타르코스 영웅전』안에 있었다.

＼ 스파르타인들의 삶이 편안했던 것은 바라는 바가 소박했기 때문이다. … 『플루타르코스 영웅전 1』 167쪽

그래 이거다. '바라는 바가 소박했기 때문'이다. 내가 체코 사람들의 모습을 보고, 답답함을 느꼈던 건 나도 모르는 사이 '돈을 빨리 많이 버는 게 좋다'는 생각에 젖어 있었기 때문이다.

여기서 '소박'의 의미는 꿈이 작다는 게 아니다. 체념하고 포기했다는 뜻도 아니다. 현실을 정확하게 파악하고, 그 안에서 최대한 자신의 행복한 삶을 누리는 것이다. 그 커피숍 사장님은 돈을 버는 게 아니라 하루를 충실하고 행복하게 사는 중이었다. 자기 일을 사랑했고, 자신이 만든 커피에 자부심을 품었으며, 손님들과 함께하는 시간 자체를 즐거워했다.

우리는 보통 '일해서 번 돈으로 나중에 행복한 시간을 보내야지'라고 생각한다. 하지만 아니다. 나중에 행복한 시간은 없다. 지금 당장 행복해야 한다. 그렇다면 누군가는 '지금 당장 행복하기 위해 일을 그만두고 돈을 쓰기만 하라는 거예요?'라고 물을 수 있다. 아니다. 일에서 행복을 찾으면 지금 행복할 수 있다. 우리는 대부분 일을 하며 살기 때문이다. 사고방식만 바꾸면 일하면서 얼마든지 행복할 수 있다.

나는 2005년에 개그맨 문천식과 함께 대학로에서 〈아트〉라는 연

극 무대에 섰다. 그 당시 대학로에서 연극하는 친구들과 술을 마시는데 묘한 기분이 들었다. 천식이에게 말했다.

"천식아, 지금 우리는 이 친구들보다 돈을 30배는 많이 버는데, 왜 저 친구들이 우리보다 훨씬 행복해 보일까?"

당시 대학로에서 연극하는 사람들은 한 달에 100만 원을 못 버는 사람이 대부분이었다. 그때 나와 문천식은 밤무대와 행사 등으로 월 3,000만 원은 족히 벌었다. 그런데 우리는 행복하지 않았다.

지금 나와 같은 소속사에 배우 진선규가 속해 있다. 진선규에게는 영화로 유명해지고 돈을 얼마든지 많이 벌 수 있는 기회가 많았지만, 그는 돈을 좇지 않았다. 돈보다 연기 자체를 즐겼다. 유명해지기 전에도 그랬고 지금도 그렇다. 송강호, 황정민, 김윤석 모두 그랬을 것이다.

돈을 좇지 않는 게 바라는 바가 소박하다는 말은 아니다. 돈을 좇지 않을 수 있는 힘이 위대하다는 말이다. 플루타르코스는 그 당시에도 대부분의 사람이 돈을 좇는 삶을 살기 때문에 그렇게 표현했을 것이다.

대한민국에서 현재를 살고 있는 우리는 바라는 바가 너무 크다. 특히 돈에 대해서는 더 그렇다. 1억 원이라는 돈을 너무 쉽게 생각한다.

대한민국 사람들 대부분의 꿈이 수백억 자산가고 건물주다. 바라는 바가 너무 크다. 아니 크다기보다 비현실적이다.

지금 대한민국의 1인당 GDP가 3만 4,100달러다(2024년 상반기 기준). 우리 돈으로 환산하면 4,700만 원 정도다. 그런데 자기는 수백억 자산가가 될 거라 믿는다. 4,700만 원과 수백억 원은 차이가 커도 너무 크다. 그 차이에서 상실감이 발생한다. 이 돈의 차이만큼 우리는 행복하지 못하다.

다시 말하지만 꿈을 작게 가지라는 말이 아니다. 꿈을 정확하게 가지라는 것이다. 플루타르코스는 '바라는 바가 소박했기 때문'이라고 표현했고, 이 말은 곧 '바라는 바가 정확했기 때문'이라는 뜻이다. '나는 누구인가? 나는 얼마짜리 인간인가?'를 아는 삶이다.

내가 남보다 돈을 적게 버는 사람이라서 불행하다는 생각을 버려야 한다. 무조건 돈을 많이 번다고 좋은 게 아니다. 자기 그릇에 맞는 만큼 벌면서 자신의 일을 사랑하고 그 일을 통해 남을 위할 수 있는 시간을 살 수 있는 삶, 그게 행복한 삶이다.

자, 조용히 눈을 감고 다시 한번 생각해보자. 나는 무엇을 위해 돈을 버는가? 얼마를 벌려고 목표 삼았는가? 왜 돈을 많이 벌려고 하는가? 그 많은 돈을 벌어서 어디에 쓸 것인가? 지금 행복한가? 지금 얼마를 벌고 있는가? 그 돈을 벌면서 행복한가?

플루타르코스가 말하는 '바라는 바가 소박한 삶'을 느끼려면 대학로에 가봐라. 무대 위에 있는 배우들의 얼굴을 보라. 돈을 뛰어넘어 열정으로 가득한 그 얼굴들을 보라. 그들처럼 돈보다 소중한 그 무엇을 실천하며 사는 사람에게는 결국 나중에 돈이 저절로 따라온다.

부디 이 선순환의 철학을 자기 삶에 장착하기 바란다. 나 역시 이번 체코 여행과 『플루타르코스 영웅전』을 계기로 다시 한번 돈에 대한 철학을 바로 세웠다. 자칫 흔들릴 뻔했던 내 삶을 바로잡아본다.

우리가
늘 불행한 이유

종종 사람들이 내게 묻는다. 왜 프랜차이즈를 공격적으로 확장하지 않느냐고, 그 정도 브랜드 파워면 못해도 600개 매장은 만들었을 텐데 왜 안 하냐고.

처음 그런 말을 들었을 땐 내가 뭔가 잘못하고 있는지 잠깐 고민했었다. 하지만 그때도 막연히 믿는 구석이 있었다. 내 속도로 가는 것이 맞다는 생각이었다. 그런데『에밀』을 읽고 그 점이 확실하게 증명됐다.

18세기 프랑스 사상가 장 자크 루소. 루소가 쓴『에밀』은 200년이 지난 지금도 교육 지침서로 손꼽히는 책이다. 『에밀』에 이런 구절이 등장한다.

＼ 우리의 불행은 욕망과 능력의 불균형에서 비롯된 것이다. … 『에밀』62쪽

'욕망을 능력 아래' 둬야 인간은 자유롭고 행복하다. 욕망이 능력을 넘어버리면 그때부터 고통이고 지옥이다. 가진 능력에 비해 욕망이 크다면 영웅이라 할지라도 그 존재는 약하고, 욕망에 비해 가진 능력이 크다면 벌레와 같은 미물일지라도 그 존재는 강하다고 루소가 말했다. 루소의 문장을 내 상황에 대입해보면 이렇다.

＼ 나는 누구인가? 내 그릇의 크기는 얼마나 되는가? 난 아직 600개 프랜차이즈 를 할 능력이 안 된다. … **명환 생각**

이건 위대한 깨달음이다. 내가 늘 행복한 이유는 사기 능력 안에서 욕망을 꿈꾸기 때문이다. 나는 스스로를 단지 속도가 느린 슬로우 스타터(slow starter)라 여겼었는데, 그보다는 '능력 안에서 욕망을 이뤄나간다'는 표현이 더욱 정확할 듯하다.

자신의 능력은 10억만큼인데 100억을 원하기 때문에 인간은 고통스럽다. 능력을 키우지 않고 욕망에 따라 100억 원을 원하면 매일 긍정 확언을 아무리 외쳐봐도 소용없다. 능력 안에서 긍정 확언을 외쳐야 이뤄진다. 자기 능력의 크기를 먼저 알아야 한다.

자본주의 사회에 사는 우리는 자신의 가치를 정확히 파악해야 한다. '몇 년 뒤에 자격증을 따고 승진하게 되면'이라고 계산하지 마라. 그건 그때 가서 다시 계산하고, 지금 당장 얼마짜리인가 계산해보자. 그리고 답이 나오면 스스로 인정하라. "나는 100만 원짜리구나. 오케이, 좋았어. 그럼 이제 욕망하기 전에 능력부터 크게 만들자"라고.

인간은 이렇게 발전한다. 능력을 먼저 키우고 그 안에서 욕망한 후에 이루면 된다. 이 과정을 계속 반복하면 된다. 능력 안에서 욕망해야 하루하루가 행복하다. 심지어 능력이 넘치는 슈퍼 영웅이라 할지라도 자기 능력 이상을 욕망하면 불행하다. 절대 이뤄지지 않기 때문에 지치고 고통스럽다. 자신의 능력치를 잘 몰라서 이런 일이 일어난다. 나를 믿는 것과 능력을 과신하는 것은 다르다.

가진 능력에 비해 더 많은 돈을 벌려고 하다가 불행해진 부자들이 얼마나 많은가. 능력이 크다고 무조건 좋은 게 아니다. 자기 능력 안에서 얼마든지 위대하게 살 수 있다. 세상 사람들이 말하는 부자는 아니지만 자신의 능력 안에서 남을 돕고 싶은 욕망을 실현하며 행복하게 사는 거인들도 많다.

욕망은 끝이 없다. 어디선가 멈출 수 있어야 한다. 그 경계선이 바로 능력이다. 나의 능력을 알고 그 안에서 욕망한다면 벌레가 사자보다 위대하다.

＼ 심령이 가난한 자는 복이 있나니 천국이 저의 것임이요. … 「**마태복음**」**5장 3절**

『성경』에 나오는 「마태복음」의 구절도 같은 말을 전한다. 여기서 말하는 '심령이 가난한 자'는 '마음과 영혼이 가난하다'는 말이고, '자기 능력 밖의 욕심을 부리지 않는다'는 말이다.

자신의 능력 안에서만 욕망한다. 심지어 욕망을 채우고 능력이 남는다. 남는 능력으로 다른 사람의 욕망을 돕는다. 내 능력 안에서 모든 것을 이루니 고통이 없다. 남는 능력으로 남을 도우니 즐겁다. 여기가 바로 천국이다.

＼ 내게 능력 주시는 자 안에서 내가 모든 것을 할 수 있느니라. … 「**빌립보서**」**4장 13절**

나의 능력 범위 안에서 욕망할 때 우리는 자유롭기까지 하다. 더 이루고 싶다면 능력을 먼저 키우면 되니까. 간단하다. 능력을 욕망 앞에 두면 된다. 이게 선순환이다.

돈을 좇지 말라고 한 말도 이런 뜻이다. 돈을 좇는다는 건 능력보다 욕망을 앞세운 것이다. 그러니 고통스럽다. 돈이 나를 따라오게 만들어야 한다. 바로 능력을 먼저 키우는 것이다. 능력을 키우면 돈은 저절로 따라온다. 욕망하지 않았던 돈까지 따라온다.

만약 주변에서 '당신은 너무 느리다'라고 말한다면 당신은 잘 살고 있는 것이다. 남들이 던지는 욕망에 휘둘리지 않는 것도 능력이다.

우리는 해야만 하는 일이 아니라 하고 싶은 일, 할 수 있는 일만 하면서 돈도 벌기를 얼마나 원하는가. 그렇게 살 수 있다. 능력 안에서 욕망하면 된다. 욕망 앞에 능력을, 개념 앞에 직관을!

고통 없는

쾌락은 없다

워라밸(work and life balance)은 슬픈 말이다. 일하는 순간이 고통이고 지옥이라는 전제조건을 깔고 있으니 말이다.

워라밸은 일(work)하는 순간이 지옥이니 라이프(life)로 쾌락을 더해 균형(balance)을 맞추라고 강요한다. 미디어가 보여주는 라이프의 모습은 해외여행을 떠나고, 좋은 호텔에 묵으며 화려한 음식을 먹고, 서핑하고 캠핑하고 골프 치고 낚시하는 등 시간을 자유롭게 보내며 쾌락을 즐기는 것이다. 그래야 일하며 겪었던 고통에 즐거움과의 균형이 맞춰진다고. 이런 모습을 꿈꾸며 일하는 순간, 우리의 현재는 고통이 가득한 지옥으로 변하며 비참한 시간이 이어진다.

인간이 느낄 수 있는 쾌락은 반드시 고통을 수반한다. 『도파민네이션』의 저자 애나 렘키는 우리의 뇌는 쾌락과 고통을 같은 곳에서 처리한다고 말한다.

쾌락과 고통은 저울 양 끝에 놓인 추와 같은데, 평행을 유지하려는 성향이 강해서 한쪽으로 기울어지면 반드시 반대쪽에서 올라오려는 힘이 강해진다는 것이다. 즉, 우리 몸은 균형을 맞추려 노력하기 때문에 고통이 찾아오면 그것을 견디려는 반대 성향의 호르몬을 분비하고, 그때 인간은 쾌락을 느낀다. 고통을 느끼며 힘들게 산에 올라 정상에 도달하면 쾌락이 느껴지고, 매운 것(매운맛은 아픔을 느끼는 감각인 '통각'이다)을 먹은 후에 기분이 좋아지는 이유가 바로 이런 원리다.

인간은 고통을 거쳐서 쾌락을 느낀다. 이런 쾌락이 좋은 쾌락이다. 고통 속에 아이디어를 도출하고, 두려움의 고통 속에 창업을 시작해 매출을 일으키고, 밤을 새워 일하는 고통을 거쳐 무언가를 이뤄냈을 때 바람직한 쾌락을 느낄 수 있다.

이때 너무도 고통스러워 잠시 좌절하고 주저앉을 수 있다. 블레즈 파스칼은 『팡세』에서 "사람이 고통에 굴하는 것은 수치가 아니다. 쾌락에 굴하는 것이 수치다"라고 말했다. 그 순간은 내가 성장하는 순간이고, 깨어나는 순간이고, 위대해지는 순간이니 부끄러워할 필요가 없다는 말이다. 오히려 자랑스러워해야 하는 것이다.

이런 철학을 알고 있으면 고통의 순간에 나를 다독일 수 있다. 고통에 굴한다는 것은 포기하고 도망간다는 말이 아니다. 너무 고통스러운 순간에 잠시 주저앉아 숨을 고르고 다시 도전한다는 말이다. 고통에 굴해서 도망가는 것이 수치 중에 수치다.

＼ "인간은 파괴될 수 있지만 패배하지는 않는 거야." … **『노인과 바다』 91쪽**

전 세계인이 사랑하는 소설 『노인과 바다』에 등장하는 문장이다. 파멸(파괴)은 어쩔 수 없는 상태다. 받아들일 수밖에 없다. 하지만 패배는 그렇지 않다.

패배(敗北)라는 단어를 사전에서 찾아보면 '싸움에 져서 도망함'이라고 나온다. '패'는 할 수 있다. '패'는 얼마든지 해도 된다. 오히려 인간은 '패'를 통해 배우고 성장한다. 하지만 '배'는 하면 안 된다. '배(北)'는 사람이 등지고 있는 형상을 따왔다. 져서 등을 돌리고 달아난다는 뜻이다. 이게 가장 안 좋은 상태다. 고통에 잠시 주저앉아 숨을 고르는 것은 창피한 일이 아니다. 그런데 고통을 못 이겨 달아나는 사람은 최악의 패배자다.

고통 없는 쾌락의 대표적인 것이 도박과 마약이다. 이런 쾌락에 굴하는 것을 파스칼은 '수치'라고 표현한다. 도박과 마약으로 느끼는 쾌락이 몸을 망치는 이유는 한쪽으로만 호르몬이 계속해서 분비되기 때문이다.

과식이라는 쾌락을 느낀 후에 배부름의 불쾌감이 함께 찾아오는 것이 정상적인 호르몬의 순환이다. 여행에서 쾌락을 느낀 후에 집으로 돌아올 때 뭔가 허전함의 고통이 느껴지는 게 정상적인 호르몬의 균형이다. 하지만 도박과 마약으로 분비된 쾌락의 호르몬은 너무 강력하고 비정상적이어서 후에 균형을 잡을 수 있을 만한 반대 호르몬을 자연적으로는 생성할 수 없다. 이런 쾌락이 계속되면 몸의 균형이 무너지고 큰 병으로 이어진다.

인생의 해답은 역시 고통 속에 있다. 모든 문제는 고통을 피하려 들기 때문에 생긴다. 고통, 시련, 역경이라는 말의 어감을 무서워하지 마라. 우리를 행복으로 데려다줄 비밀의 열쇠다.

나는 고통, 시련, 역경을 행운, 우연, 로또 당첨이라는 말보다 사랑한다. 고통을 피하지 말고 정면으로 껴안자. 작정하고 부딪치자. 조금만 견뎌보라. 어디서도 느낄 수 없었던 맛있는 쾌락을 느끼리라.

달리자. 세상을 향해 달리자. 고통의 운동화를 신고 세상을 향해 정면으로 달려 나가자. 고통을 품고 세상을 정복하라. 그 후에 오는 쾌감이 진짜 쾌락이다.

남을 위하는 것이
곧 나를 위하는 길이다

맹자는 유자입정(孺子入井)이라 말했다. 우물가에 놀던 어린아이가 우물에 빠지려 하면 누구나 손을 뻗어 아이를 도우려 하는 마음을 갖는다는 것이다. 여러분도 상상해보라. 어린아이가 아장아장 우물가에서 놀다가 뭔가에 걸려 우물에 빠지려 한다면 그 어떤 악랄한 사람도 손을 뻗어 아이를 붙잡을 것이다. 인간에게는 그런 마음이 있다.

『그리스인 조르바』를 쓴 니코스 카잔차키스도 주인공의 입을 빌려 말했다. "자신을 구하는 유일한 길은 남을 구하려고 애쓰는 것이다." 남을 위해서 살라는 말이 아니다. 성자(saint)가 되라는 것이 아니라, 내 삶을 완성하기 위해서 남을 위해 살라는 말이다.

모든 존재는 자신 외 다른 존재에게 이롭기 위해 창조됐다. 나무도, 풀도, 물고기도, 곤충도 모두 다른 존재에게 이로움을 주며 살아간다. 하물며 인간은 더욱더 그래야 한다. 하지만 인간은 이성이 생기고 언어를 발명하면서 오로지 내 욕심, 내 돈, 내 명예, 내 행복만을 위해 살도록 세뇌당했다. 남과의 경쟁에서 이겨 보다 안정적인 직업을 가지고 재산을 축적해 혼자 잘 먹고 잘살겠다는 생각이 머릿속에 가득해졌다. 이런 마음 때문에 우린 돈을 좇게 됐고, 서두르게 됐고, 악순환의 고리 속에서 하루하루를 견디며 고통스럽게 살고 있다.

누구에게나 남을 돕고자 하는 본성이 있다. 이런 마음을 잘 이용하면 자기 안에 잠들어 있는 창의적인 아이디어를 밖으로 꺼낼 수 있다. 창의는 발휘하는 게 아니고 발휘되는 것이다. 진정 남을 위할 때 자기도 모르게 창의적인 아이디어가 불쑥 튀어나온다.

바둑이나 장기를 내가 직접 둘 때보다 관전할 때 묘수가 떠오르는 것이 바로 이 원리다. 내가 경기에 참가할 땐 내 승리, 내 상금, 내 욕심 때문에 묘수가 떠오르지 않는다. 몸과 마음에 힘이 들어가기 때문이다. 하지만 옆에서 훈수를 둘 땐 묘수가 떠오른다. 훈수를 둘 때는 절대 이기는 사람의 수를 염려하지 않는다. 인간에게는 지고 있는 사람을 응원하고 싶은 마음이 있기 때문이다. 그래서 지는 사람의 수를 들여다보고 있으면 평소에 자기 수준보다 훨씬 높은 묘수가 떠오른다. 바로 이타적인 마음이 바탕이 된 창의가 발휘되는 순간이다.

최근에 내가 이 원리로 만든 아이디어가 있다. 내 고향 경상북도 상주는 곶감으로 유명하다. 하지만 상주는 요즘 곶감 판매가 청도, 산청에 뒤져서 전국 3위다. 이제 곶감으로 많은 수익을 올리지 못하는 상황이다. 그런데 요즘 상주에는 훌륭한 한우가 생산된다. 청정 지역인 상주는 한우를 키우기에 안성맞춤이다. 내가 먹어본 바로 횡성 한우에 뒤지지 않는다. 하지만 잘 알려지지 않아 찾는 사람이 많지 않다.

마침 상주 축협에서 내게 강의를 요청했다. 고향에 강의를 가니, 상주 한우를 잘 팔 수 있도록 브랜드를 만들어주고 싶었다. 순수한 이타심 때문이었다.

'상주 한우를 알릴 수 있는 브랜드를 만들어주자. 그러려면 먼저 네이밍을 히지. 어떤 이름이 좋을까?'

이 질문을 나 자신에게 던지고 12초 후에 '상(賞)주는 한우'라는 단어가 떠올랐다. 창의가 발휘된 순간이다. '맛있어서 상주는 한우', '건강해서 상주는 한우', '마블링이 좋아 상주는 한우'. '상을 주는'이라는 의미와 '상주'라는 지명, 두 가지 뜻이 모두 담긴 '상주는 한우'라는 이름을 만들었다. 상주 축협에 강의하러 가서 이 이름을 말하자 축협 직원 전원이 기립박수를 쳐줬다. 신이 난 나는 서울로 돌아오는 길에 아예 로고 송까지 만들었다.

두구두구두구두구

대한민국 한우 1위는 바로~~~ 상주 한우(내레이션)

대상이요 금상이요 은상 동상 모든 상 상주는 한우

맛있어서 상주는 한우 건강해서 상주는 한우

잘 키워서 상주는 한우 상주는 한우

육질 좋아 상주는 한우 마블링에 상주는 한우

살살 녹아 상주는 한우 상주는 한우

대상이요 금상이요 은상 동상 모든 상 상주는 한우

경남 상주 아니고 경상북도 상주 상주는 한우

이 가사로 후배 작곡가 박진현이 곡을 만드는 중이다. 가사도 휴게소에서 2분 만에 썼다. 잘 쓰고 못 쓰고를 떠나 상주 한우의 브랜드 이름을 짓고 로고 송을 작사하면서 너무 행복했다. 마치 100점 맞은 어린아이가 시험지를 들고 '엄마!'를 외치며 달려가는 마음이었다.

결과는 중요하지 않다. 이날 하루 동안 내가 얼마나 행복했겠는가! 즐겁게 일하면 결과는 당연히 좋다. 이게 바로 선순환의 과정이다. 여기서 이런 질문을 던지는 사람이 있을 것이다.

"그렇다면 고명환 당신은 '상주는 한우'로 어떻게 돈을 벌 수 있죠?"

내가 만든 가치로 생긴 돈을 내 주머니로 가져오는 건 너무 쉽다. 상주 한우가 유명해지면 광고 모델이 필요할 것이다. 상주 출신 연예인이 고명환이고, 내가 상주는 한우라는 브랜드를 만들었으니 나를 광고 모델로 쓸 확률이 매우 높다. 또 상주 한우가 횡성 한우만큼 유명해지면 전국에서 상주 한우를 취급하는 매장이 생길 테고, 매장마다 내가 만든 로고 송이 흘러나올 것이다. 여기에 따른 음원 사용료도 엄청나다. 또 내가 서울에서 상주 한우 직영 매장을 운영하면 서울 경기 지사장이 될 수 있다. 그 경우 서울과 경기 지역에 생기는 상주 한우 매장들에서 로열티를 받게 된다. 이 외에도 무수히 많은 방법으로 돈을 벌 수 있다.

돈을 가져올 걱정은 하지 말고 일단 남을 위하는 마음을 통해 여러분 속에 잠들어 있는 창의적인 아이디어를 끄집어내자. 그다음 일은 저절로 이루어진다.

강한 아이는
자연에서 자란다

나는 어릴 때 울보였다. 정말 잘 울었다. 다른 아이들은 절대 울지 않는 상황에서도 나는 울었다. 초등학교에 다녀야 하는데 무서워서 울었다. 당연히 혼자서 등교를 못 했고, 심지어 수업 내내 창밖에 아버지가 서 있어야 했다. 난 수업 중에 1분마다 창밖에 아버지가 서 있는지 확인하느라 제대로 집중할 수 없었다.

1학년 여름방학에 아버지가 돌아가셨다. 내 나이 일곱 살이었고, 엄마는 서른하나였다. 엄마는 홀로 나와 누나를 부양해야 했다. 난 어쩔 수 없이 혼자 학교에 가야 했다. 그뿐만 아니라 새벽 4시면 일어나서 음료수 상자를 옮겨야 했다.

우리 집은 새벽 4시 30분에 문을 열고 다음 날 새벽 2시에 문을 닫는 식료품 가게를 운영했다. 창고가 없는 가게라 문 닫을 때 음료수 상자 수십 박스를 가게 안으로 들여놓고, 문을 열면 다시 가게 밖으로 들고 나가 쌓아뒀다. 매일 30박스 정도의 음료수와 술 상자를 내 키보다 높게 쌓아 올리니 저절로 근육이 생기고 배에는 왕(王) 자가 선명하게 생겼다.

열심히 일했지만 매번 등록금을 못 내서 서무과에 불려 다녔다. 엄마한테는 차마 돈을 달라고 말할 수가 없었다. 그래서 일요일이면 친구들과 산에서 도토리를 주워 팔았는데 한 되에 700원, 비쌀 때는 1,500원까지 받았다. 세 사람이 새벽 산에 올라가 해 질 녘까지 계속하면 두 말 정도 줍는다. 그러면 14,000원에서 30,000원까지도 수입이 생겼다. 하루 용돈으로 100원, 200원 받던 내니까 일주일에 만 원이면 굉장히 큰돈이었다.

가끔 뱀과 두꺼비도 잡아서 팔았는데 뱀은 한 마리 1,000원, 두꺼비는 한 마리에 500원이었다. 어릴 때부터 낚시를 좋아해서 큰 메기를 잡으면 어른들한테 팔았는데 50센티미터 되는 메기를 잡으면 아저씨들이 1,000원을 주고 사 갔다. 또 버스 정류장에 가면 사람들이 버스 타기 전에 바닥에 버리고 간 음료수 공병이 있었다. 그걸 주워다 바꾸면 박카스나 원비디 병은 5원, 구론산 병은 10원을 받을 수 있었다. 하루 종일 열심히 주우면 30~40개 정도 됐다.

장 자크 루소의 『에밀』을 읽다 나의 어린 시절이 떠올랐다.

＼ 씩씩하게 자란 아이는 불평도 적다. 그 아이는 스스로 많은 것을 할 수 있으므

로 타인의 손길도 그다지 필요로 하지 않는다. … 『에밀』 60쪽

루소의 말처럼 나는 정말 불평이 없었다. 누군가에게는 내 상황이
불행한 삶으로 비쳤을지 모르겠지만, 난 어릴 때부터 스스로 돈 버는
법을 깨우쳤다. 도토리가 한 되에 700원일 때보다 1,500원일 때 더 열
심히 주워야 한다는 당연한 경제관념이 저절로 몸 안에서 싹텄다. 그
리고 언제 어느 곳에 가야 뱀이나 두꺼비를 잡을 수 있는지도 경험으
로 터득했다.

자연에서 놀았고, 자연에서 돈을 벌었다. 자연의 가르침이 자연스
럽게 내 안에 녹아들었다. 내겐 어려운 시기가 닥칠 때마다 떠올리는
어린 시절의 장면이 있다. 2월의 눈 덮인 둑길에서 눈을 파헤치면 그
속에서 파릇파릇 솟아나는 새싹, 그 경이로움. 그 힘찬 새싹의 모습이
'힘든 시간을 견디면 봄은 반드시 온다'는 진리가 되어 나를 견디게 해
주었다.

생각해보면 나는 죽음 앞까지 가는 교통사고를 겪으면서도 크게

괴로워하지 않았다. 항상 봄이 온다는 사실을, 나는 반드시 건강해질 것임을 강력하게 믿었다. 그 믿음은 인위적으로 의도하거나 노력해서 생긴 게 아니다. 그저 자연 속에서 간섭 없이 20년을 살아서 저절로 알게 된 것이다.

나는 고3 입시도 학교 앞 논을 보며 준비했다. 논에 아직 벼가 심어지지 않았을 때는 워밍업 정도로 달리고, 4월 말부터 모내기가 시작되자 공부 속도에도 박차를 가했다. 벼가 무럭무럭 자라고 이삭이 나올 때 공부는 절정에 달했다. 어느 순간 벼가 누렇게 변하고 논에서 사라지면 학력고사가 얼마 남지 않았다는 뜻이었다. 그때부터는 틀린 문제 위주로 복습하며 학력고사를 준비했다. 지금도 논에 자란 벼를 보면 시기에 따라 공부하던 내용이 생각난다. 벼 색깔이 누렇게 바뀌면 암기 과목을 달달 외우던 내 모습이 떠오른다.

요리는 어릴 때부터 해야만 했다. 엄마가 가게 보기에도 바빠 도시락을 잘 챙겨주지 못할 때가 많았다. 누나와 나는 배고프지 않으려고 알아서 도시락을 만들었다. 그게 습관이 되니 요리 실력이 늘었고, 지금까지 요리로 많은 돈을 벌고 있다.

돌이켜보면 나의 배움에는 인위적인 요소가 없었다. 바람이 불면 흔들리고 비가 오면 젖는 것처럼 상황이 닥쳤고 받아들였을 뿐이다. 그게 사회에 나오니 엄청난 힘으로 작용했다.

일단 나는 도시에도 산은 있으니 진짜 돈을 1원도 못 벌어도 산에 가면 굶어 죽지 않는다는 자신감이 있었다. 고통의 시간이 찾아오면 항상 2월 말의 눈 덮인 둑길이 떠올랐다. 생각하는 게 아니고 생각이 났다. 둑길의 눈을 파던 손가락을 통해 전달된 자연의 힘이 심장에 쌓였고, 내가 힘들 때면 그 힘이 저절로 솟아나 어려운 시간을 견디게 해준 듯하다. 그렇게 버티며 1994년에 KBS에 입사했고, 3년 뒤 MBC 공채 개그맨으로 자리를 옮겼으며, 2000년이 되어서는 '무명', '이름 없음' 상태를 벗을 수 있었다.

『이솝 우화집』에는 이런 이야기가 나온다. 꼬리 없는 원숭이가 쌍둥이를 낳는데, 그중 하나에게는 엄청 사랑을 쏟아 정성껏 젖을 먹인다. 그리고 다른 하나는 외면한다. 소홀히 다루는 것이다. 그런데 기묘하게도, 건강하게 어른이 되는 쪽은 홀대받던 새끼다. 정성껏 키운 원숭이는 어미 원숭이가 너무나 정성을 쏟은 나머지 젖가슴에 꽉 껴안는 바람에 질식해 죽어버리기 때문이다. 오히려 홀대받은 새끼만이 어른 원숭이가 될 수 있었다.

교육에 관해서 누구에게 "이렇게 해라"라고 할 수 없기에, "내 경우는 이랬다" 정도의 이야기를 전하고 싶었다. 이젠 시대가 변했다. 1980년대처럼 아이들을 자연에 방치할 수는 없다. 하지만 자연을 체험하면 반드시 아이에게 도움이 된다는 사실은 누구나 알고 있다.

부모의 의지가 중요하다. 학원에 보내려는 의지의 절반만큼만 투자하면 아이를 얼마든지 자연으로 보낼 수 있다. 그 시간의 가성비는 100배, 1,000배로 나타난다는 사실을 나는 경험으로 깨쳤다. 이 글을 쓰는 지금도 나는 욕지도에서 물고기를 잡고, 나물을 뜯어서 밥을 해 먹고 있다. 자연스러운 음식을 먹으니 글도 잘 써진다. 밤을 새워도 피곤하지 않다.

왜 내가 이 먼 곳까지 매년 오겠는가? 자연 때문이다. 기회가 된다면 욕지도에 와서 노을 지는 바다를 바라보기를. 내가 받은 이 에너지를 느껴보라. 아이가 있다면 꼭 함께 와라.

얼마나

소유할 것인가

에리히 프롬의 책『소유냐 존재냐』는 많은 생각거리를 던지는 최고의 책이다. 이 책은 이미 제목에서 많은 질문을 던진다. 나는 이에 대한 답을 찾느라 첫 장을 넘길 수 없었다.

얼마만큼을 소유하면 내 존재가 행복할까? 과연 소유가 존재를 행복하게 하는가? 그렇다면 소유 없이 존재할 수 있는가? 소유한 것으로 내 존재 또는 타인의 존재를 평가할 수 있는가? 사랑은 소유인가, 존재인가? 종교란 내가 신을 소유한 것인가, 신이 나를 소유한 것인가? 내 안에 신이 존재하는가, 내가 신 안에 존재하는가? 이런 질문을 스스로에게 던질 수 있게 만들어준『소유냐 존재냐』는 제목만으로 이미 존재

가치를 증명했다.

나는 크리스찬이다. 교회 다니는 사람들은 안다. 새 신자들이 은혜를 더 많이 받는다는 것을. 새 신자들은 하나님을 소유할 줄 모르기 때문이다. 아무것도 모르는 새 신자는 그냥 하나님 품 안에 존재할 뿐이다. 순수하게 품 안에 존재하니 하나님을 만난다. 그러나 시간이 지나고 교회를 오래 다니다보면 하나님을 소유하려 든다. 소유된 하나님은 존재하는 하나님이 아니라 내가 소유한 가짜 하나님이다. 나의 생각과 개념으로 정지시켜버린 하나님에게 소유하고 싶은 이것저것을 희구한다. 정지된 가짜 하나님에게 이런 소유의 기도를 해봐야 소용없다.

＼ 「구약성서」의 주요 주제의 하나는 '네가 가지고 있는 것을 떠나라, 모든 속박으로부터 너 자신을 풀어라, 존재하라!'이다. … **『소유냐 존재냐』 78쪽**

불교도 그렇다. 『소유냐 존재냐』에서는 고전 불교를 언급하며 욕망을 끊는 것, 자아, 영속하는 물질, 자기완성에의 욕구를 포함한 소유욕을 단념하는 게 중요함을 강조한다. 자기완성에의 욕구까지 내려놓아야 비로소 자기 존재가 완성된다는 말이다.

융이 말한 '진리에 이르는 길은 의도를 갖지 않는 것'과도 일맥상통한다. 교회 안에서 그냥 존재할 때 은혜를 받는다. 뭔가를 바라는 의도를 가지고 교회 안에 있으면 진리에 이르지 못한다. 천국에 가겠다는 의도마저 내려놓는 순간, 그 순간부터 천국이 시작된다.

소유냐 존재냐, 두 가지를 완전히 분리해서 생각할 수는 없다. 소유가 무조건 나쁘고 존재가 마냥 좋은 것만도 아니다. 균형. 결국은 균형이다.

처음 『소유냐 존재냐』를 읽었을 때 나는 소유 30퍼센트, 존재 70퍼센트로 살겠다고 결정했었다. 이 책을 다시 읽고 글을 쓰는 지금은 소유 1퍼센트, 존재 99퍼센트 느낌으로 살고 싶다. (돈을) 많이 가지지 않으려 해야, (자유를) 더 많이 가질 수 있음을 깨달았기 때문이다. 같은 책을 다시 읽어보면 깨닫는 부분이 달라진다. 이미 스스로 그만큼 발전하고 변했기 때문이다. 그런 까닭에 고전은 여러 번 읽어야 한다. 읽을수록 내공이 쌓인다. 사유의 시선이 높아지고 몸값도 높아진다.

소유는 정지된 것이고, 존재는 움직이는 것이다. 독서에서 소유는 암기고, 존재는 깨달음이다. 콘텐츠에서 소유는 모방이고, 존재는 창조다. 사람에서 소유는 꼰대고, 존재는 청춘이다.

사랑이 그토록 힘든 이유는 사랑의 본질은 존재인데 사람들은 소유하려 들기 때문이다. 결혼생활이 힘든 이유도 마찬가지다. 한집에 살지만 각자 스스로 존재해야 하는데 서로 소유하려 들고 소유 당하려 한다. 소유하는 순간 사랑은 시든다. 꽃을 소유하기 위해 땅에서 뿌리째 뽑아 손아귀에 쥐어보라. 그 꽃은 금방 시들어 죽는다. 꽃을 땅에 존재하게 놔두고 거리를 두고 지켜보는 것이 사랑이다. 꽃잎이 떨어지고 새싹이 자라나는 과정을 사람이 방해하면 안 된다.

당신은 배우자를 어떤 기준으로 고르는가? 그 사람이 가진 것(소유)과 그 사람의 됨됨이(존재)를 몇 대 몇으로 보고 평가하는가? 많은 사람이 소유에 훨씬 비중을 많이 둔다. 하지만 결혼해서 살아보면 소유보다는 그 사람의 존재가 더 중요하다는 걸 깨닫는다. 서로의 존재가 맞지 않으면 소유가 아무리 많아도 잘 살 수 없다. 어쩌면 이 때문에 이혼율이 높아졌으리라.

돈은 움직인다. 그래서 돈을 좇아 소유하려 하면 돈이 벌리지 않는다. 돈은 계속 움직이게 해줘야 한다. 내게 들어온 돈을 꽉 쥐고 있으면 뿌리 뽑힌 꽃처럼 시들어버린다. 돈을 선순환으로 움직이게 보내줘야 한다. 제일 좋은 방법이 타인을 위해 돈을 흘려보내는 것이다. 지구를 위해, 가치를 만들기 위해 돈을 흘려보내는 것이다. 이런 식으로 다른 사람을 위해 흘러간 돈은 스스로 성장해 내게로 돌아와 품 안에 존재하게 된다.

돈은 염소다. 방목하는 염소들이 어느새 새끼를 데리고 돌아오는 것과 마찬가지다. 도망갈까 걱정하지 마라. 아끼고 사랑하고 예뻐해주되 가두지 마라. 갇힌 염소는 새끼를 낳을 수 없다. 나가서 짝을 만나야 새끼를 낳을 것 아닌가.

기꺼이 내어주면 돈은 저절로 성장하고 식구를 늘려서 내게로 다시 돌아온다. 그때 필요한 만큼만 가지고 또 세상으로 흘려보낸다. 이것이 선순환으로 돈을 버는 방법이고 돈을 좇지 말라는 말이며 하루하루 행복하게 살면서 돈이 저절로 벌리는 원리다.

돈은 그 어떤 생명체보다 생명력과 생식 능력이 강하다. 갇혀 있으면 바로 죽는다. 내가 마실 우유만 조금 짜 놓고 넓은 풀밭으로 내보내라. 신나게 뛰놀며 덩치가 커진 돈이 저녁이 되면 다시 돌아올 것이다. 돈은 살아 있다. 소유하지 말고 존재하게 하라.

소유와 존재에 대한 당신만의 기준을 만들자. 모든 사람에게 통용되는 법칙은 없다. 단, 공통된 진리는 있다. 반드시 소유의 비율이 존재의 비율보다 낮아야 한다는 것. 『소유냐 존재냐』는 제목만 알아도 피가 되고 살이 되고 돈이 되는 고전이다.

'저것'을 버리고,
'이것'은 취한다

\ 대장부는 중후함에 처하지 얄팍한 곳에 거하지 않는다. 그 참된 모습에 처
하지 그 꾸며진 곳에 거하지 않는다. 그러므로 저것을 버리고 이것을 취한
다. … 『노자의 목소리로 듣는 도덕경』 305쪽

최진석 교수의 책을 읽다 "저것을 버리고 이것을 취한다"는 구절
에서 멈췄다. 저것은 무엇이고, 이것은 무엇인가.

아침에 알람을 끄고 좀 더 자는 것이 저것이고, 바로 벌떡 일어나
는 것이 이것이다. 일어나자마자 핸드폰을 손에 드는 것이 저것이고,
책을 펴쳐 드는 것이 이것이다. 샤워기의 뜨거운 물 아래서 몸을 하염

없이 지지고 서 있는 것이 저것이고, 마지막에 30초라도 찬물 샤워를 하는 것이 이것이다. 늦잠 자느라 아침 식사를 거르는 것이 저것이고, 귀찮아도 정성스럽게 밥을 지어 아침을 먹는 게 이것이다.

출근하며 월급날이 며칠 남았나 세어보는 게 저것이고, 오늘 할 일을 미리 계획해보고 자발적으로 일할 수 있는 아이디어를 구상하며 출근하는 것이 이것이다. 지각 1분 전에 겨우 회사에 도착하는 것이 저것이고, 출근 전에 30분간 도서관에 들렀다 출근해도 시간이 넉넉한 것이 이것이다. 일 못 하는 동료를 뒤에서 욕하는 것이 저것이고, 앞에서 당당하게 도와주는 것이 이것이다. 직장 상사에게 꾸중을 듣자마자 이 회사를 때려치워야지 하고 생각하는 것이 저것이고, 내 잘못을 인정하고 성장하기 위해 작전을 세우는 것이 이것이다. 점심시간에 MZ들은 수저 세팅하는 게 아니야 하고 어디서 주워들은 얘기대로 가만히 앉아 있는 것이 저것이고, 남들이 뭐라 하든 내가 남들을 위해 하고 싶어서 수저를 놓는 것이 이것이다.

퇴근 시간은 왜 이렇게 안 오는 거야 하며 시계만 쳐다보는 것이 저것이고, 언제 시간이 이렇게 됐지 하고 일에 몰입하는 것이 이것이다. 오늘 너무 스트레스 받았으니까 술을 한잔하는 것이 저것이고, 운동으로 스트레스를 푸는 것이 이것이다. 금요일 밤이니까 밤 12시에 치킨을 시켜 맥주를 마시는 것이 저것이고, 저녁 7시 전에 식사를 끝

내고 공복을 유지하는 것이 이것이다. 취침 전에 핸드폰을 세 시간 봐서 눈이 뻑뻑하고 목이 아픈 채로 잠드는 게 저것이고, 책을 읽으며 긍정적인 생각을 하며 잠드는 게 이것이다.

남에게 받은 만큼, 또는 그보다 적게 되돌려주는 것이 저것이고, 받은 것보다 훨씬 많이 돌려주는 것이 이것이다. 이미 일어난 불행에 대해서 그렇게 했으면 이런 일이 안 일어났을 텐데 하고 후회만 하는 것이 저것이고, 모든 문제는 해결책과 함께 온다는 긍정적인 마음으로 즉시 대응 방법부터 모색하는 것이 이것이다. 다이어트는 내일부터라며 결심하고 미루는 것이 저것이고, 지금 당장 운동화로 갈아 신고 밖으로 나가 달리는 것이 이것이다.

가게가 망해서 폐업할 때 힘들다며 직원들의 월급을 기어이 깎으려는 것이 저것이고, 월급은 당연히 주고 힘들어도 단돈 만 원이라도 더 주려 하는 마음이 이것이다. 식당에서 밥 먹고 나오며 들고 나온 이쑤시개를 그냥 길바닥에 휙 버리는 것이 저것이고, 주머니에 넣고 손에 찔리면서도 끝까지 들고 와 휴지통에 버리는 것이 이것이다. 수익을 더 남기기 위해 가장 싼 식재료를 구입해 손님상에 올리는 게 저것이고, 어떻게 하면 식당 밥도 집 밥처럼 건강하게 만들 수 있을까 고민하며 좋은 재료를 구입하는 것이 이것이다.

굳이 다 알고 있는 얘기를 왜 계속 쓰는 거야?라고 생각하는 게 저것이고, 그래 나도 다 아는 말인데 알면서도 실천하지 못했구나라고 깨닫는 것이 이것이다. 『노자의 목소리로 듣는 도덕경』은 이어서 이렇게 말했으니까.

> 가장 높은 단계의 선비는 도를 들으면 그것을 성실하게 실천하지만, 중간 단계의 선비는 도를 들으면 반신반의하고, 가장 낮은 단계의 선비는 도를 듣고서도 그것을 크게 비웃어 버린다. … 『노자의 목소리로 듣는 도덕경』 329쪽

내 안에는 항상 선과 악이, 성실함과 나태함이, 이기심과 이타심이 공존하며 싸우고 있다. 인간은 누구나 어떻게 살아야 하는지 알고 있다. 그런데 알면서도 그렇게 행동하지 않는 이유는 삶의 기준이 없어서다. 내가 앞서 나열한 '이것'이 좋다는 사실은 모두가 안다. 하지만 실행에 옮기려면 힘이 든다. 고통이 따르기 때문이다. 하지만 '저것'은 쉽고, 편하고, 재미있고, 맛있다. 쾌락만 존재한다.

이제 삶의 기준을 세우자. 당신이 뭔가를 할 때 고통스럽지 않다면 의심하고 점검하라. 내가 지금 하는 일이 노자가 말하는 '이것'인지 '저것'인지. '저것'이면 저쪽으로 던져버리고 '이것'이면 내 쪽으로 취하자. 일단 오늘 당장 핸드폰을 저 멀리 던져버리고 책을 가까이 취하자. 이것만 바꿔도 인생이 성공한다. 놀자를 버리고 노자를 취하라!

절대로 실패하지 않는
매뉴얼

사람이 살면서 성공하는 법은 딱 두 가지가 있다. 첫째는 이기는 방법을 배우는 것이고, 둘째는 지지 않는 방법을 배우는 것이다.

첫 번째는 쉽지 않다. 절대적인 한 가지 방법이란 없기 때문이다. 대신 두 번째는 알 수 있는 정답지가 있다. 바로 고전이다. 고전은 우리보다 먼저 살아본 선배들이 남겨놓은 실패하지 않는 법에 관한 매뉴얼이다. 고전은 온통 실패와 고난과 역경의 이야기다. 선배들이 창피한 얘기를 기록해놓은 데는 다 이유가 있으리라.

조선 선조, 임진왜란 당시 외교 업무를 담당한 류성룡은 임진왜란의 기록을 상세하게 기록했다. 그 책이 바로 『징비록』이다. 류성룡은 승리의 기록만 집필하지 않았다. 류성룡은 신립의 패전기를 가감 없이 기록했다.

신립은 날쌔고 용맹한 장수였으나 임진왜란 때 충주 탄금대에서 패한 장군이다. 류성룡은 신립의 이야기를 기록하며 명나라 장수가 신립을 향해 한 말, "이런 천혜의 요새지를 두고도 지킬 줄을 몰랐으니 신 총병(신립)도 참으로 부족한 사람이로구나"를 그대로 옮겨 적었다. 또한 이제 와서 후회한들 아무 소용이 없으나 후손에게 경계가 될 것이라 여겨 상세히 적어둔다는 평가도 거침없이 기록했다.

나라를 잃었다. 얼마나 창피한 일인가. 오히려 숨기고 싶었을 것이다. 하지만 류성룡은 후손을 위해, 너희들은 최소한 실패는 하지 말라고 상세히 적어놓았다. 나라를 잃은 슬픔 속에서도 후대의 사람들을 위해 치욕을 삼키며 피로 써놓은 글이 바로 고전이다.

여기에 너무도 정확한 삶의 매뉴얼이 있는데 우리는 고전을 읽지 않는다. 기계를 사면 매뉴얼이 있는데 읽지 않고 AS센터부터 찾아가듯, 고전에 해답이 있는데도 엉뚱한 곳에서 답을 찾고 있다.

현대 사회를 살아가는 사람들이 가장 원하는 삶은 안정적인 삶이다. 안정된 직장, 안정된 수입, 안정된 주거 환경, 안정된 정신 등등. 그렇다면 절대 지지 않는 방법을 아는 것만큼 안정적인 게 또 어디 있겠는가? 이기는 방법은 중요하지 않다. 어떤 천재도 늘 1등을 할 수 없기 때문이다.

얼마나 든든한가. 지지 않는 메뉴얼을 안다면, 지금 이 순간의 패배가 두렵지 않다. 현재는 잠깐 추월당했지만, 다음 시즌에는 내가 얼마든지 앞서 나갈 수 있기 때문이다. 지지 않는 매뉴얼 없이 사는 삶은 한 치 앞도 안 보이는 안개 낀 길을 전속력으로 달리는 느낌일 것이다. 얼마나 무서운 삶인가.

＼ 성은 작더라도 견고한 것이 무엇보다 중요한데, 반대로 크게만 지어 놓은 것이다. 이는 당시 전쟁에 대한 의견이 분분했기 때문으로 보인다. 나라가 품고 있던 모든 힘이 한곳에 집중될 수 없었던 것이다. 또한 병법의 활용, 장수 선발, 군사 훈련 방법 등 어떤 것도 제대로 갖추지 못했던 까닭에 전쟁이 발발하자 패하고 만 것이다. … 『징비록』 39쪽

1500년대에 쓰인 위 문장을 2024년 현재에 나는 이렇게 바꾸고 싶다.

＼ 책은 조금 읽더라도 내게 도움이 되는 것이 중요한데, 반대로 그냥 많은 책만 읽고 있는 것이다. 이는 독서에 대한 의견이 분분했기 때문으로 보인다. 내게 잠재된 가능성의 힘이 한곳에 집중될 수 없었던 것이다. 또한 고전의 활용, 고

전 선택, 고전을 읽고 내 삶에 적용하는 방법 등 어떤 것도 제대로 갖추지 못한 까닭에 급속히 세상이 변하자 따라잡지 못하고 패하고 만 것이다. … **명환 생각**

고전을 통해 지지 않는 매뉴얼을 습득한 사람의 날은 맑다. 길이 훤히 보인다. 빨리 가는 길도 보이고 돌아가는 길도 보인다. 자기가 길을 선택해서 갈 수 있다. 어떤 시즌에는 요식업 CEO의 길로, 다음 시즌에는 베스트셀러 저자의 길로, 또 어떤 날은 강사의 길로. 내가 선택해서, 가장 좋아하는 길로 갈 수 있다. 어느 길로 가든 실패는 없다. 절대 지지 않는 매뉴얼을 이미 내면화했기 때문이다.

또 한 가지 중요한 점이 있다. 고전은 치열하게 읽어야 한다. 로맨스 소설 읽듯이 읽으면 안 된다. 수천 년의 고통과 고난과 시련을 이겨낸 삶의 비밀은 한눈에 바로 알 수 있는 해답으로 존재하지 않는다. 공을 들여 풀어야 하는 방정식으로 존재한다. 읽고 또 읽고, 받아 쓰고 생각해서 자신에게 맞는 해답을 스스로 찾아야 한다.

류성룡이 『징비록』에 "군대 다루기를 봄날 놀이하듯 하니 어찌 패하지 않겠느냐?"라고 썼는데 고전 읽기도 마찬가지다. 고전의 답은 한 가지가 아니다. 고전의 답은 시대에 따라 사람에 따라 변한다. 그래서 고전이다. 모든 시대, 모든 사람에게 실패할 수 없는 해답을 제시해준다. 대신 내가 치열하게 풀어야 한다.

삶도 마찬가지다. 내 삶을 봄날 놀이하듯 다루면 안 된다. 어영부영하며 살면 안 된다. 숨 막히는 얘기를 하려는 게 아니다. 게으른 삶보다 치열하게 사는 삶이 훨씬 재밌기에 건네는 말이다. 그 짜릿함과 상쾌함을 느껴보라. 자연을 둘러보면 어느 하나 열심히 살지 않는 존재가 없다. 부지런히 꽃을 피우고, 꿀을 찾아 거센 바람을 뚫고 비행하며, 태풍이 불어 나뭇가지가 꺾여도 다시 새로운 가지를 싹 틔우고, 짝을 찾아 목숨을 걸고 뿔을 부딪친다.

이해되지 않는 고전을 붙잡고 악으로 깡으로 밤을 새워 읽고 또 읽다보면 갑자기 번쩍 하고 머리에 시원한 바람이 불어오는 느낌이 든다. 한없이 넓은 들판이 내려다보이는 산꼭대기에 서서 저 땅을 내가 지배할 수 있다는 자신감이 솟아오르는 그 느낌을 가져보라. 얼마나 상쾌한가?

고전은 그 무엇보다 신선하고 상쾌하다. 읽는 순간, 내 가슴속에서 늘 새롭게 태어나기 때문이다.

문제는 노력이 아닌

방향이다

다섯 시간 전, 나의 영원한 콤비 문천식이 인스타그램에 이런 글을 올렸다.

"1999년 8월 5일에 MBC에서 전화가 왔다. 개그맨이 되셨다고 허허. 그 뒤로 나는 대스타가 되는 줄 알았는데 아니더라. 하는 일마다 애매하게 안 됐다. 차라리 확실하게 안 됐으면 진즉에 딴 길을 알아봤을 텐데, 될랑 말랑 아슬아슬 안 되더라! 그래도 버텼다. 당시 집도 반지하였고, 빽도 없었으니 그럴 수밖에. 딱히 할 수 있는 게 없으니 그렇게 처맞으면서도 이 악물고 버텼다. 주인공 까여서 조연하고 DJ(라디오)

안 돼서 게스트 하고, 그렇게 특별한 재주 없이 25년을 버텼다.

그러다가 눈을 떠보니 오늘이네. 나름대로 알려졌고 나름대로 먹고 살고. 근데 아직도 뭔 일을 시작하면 잘 안 된다. 로또까진 아니더라도, 뭔가 한 방에 터지면 안 되나? 일생 한 방에 터지는 일이 없다! 죽어도 없다! 앞으로도 그러지 싶다. 팔자가 그런 거다. 오늘도 내일도 나는 안 터진다. 그냥 물렁물렁 굴러간다. 거참. 한숨 자고 일어나면, 내일도 굴러가야지. 설렁설렁 삐뚤빼뚤 앞으로 가야지. 뒤로 가게 생겼는데 앞으로 가는 게 신기하다. 그거면 된 거다. 오늘의 궁시렁."

천식이의 글을 보고 곧바로 『보랏빛 소가 온다』의 한 구절을 보내 줬다.

＼ 당신은 실패하는 법을 어디서 배웠는가? 당신이 보통의 미국인들과 비슷하다면, 초등학교 1학년 때 배웠을 것이다. 당신은 그때부터 튀지 않는 게 가장 안전한 길인 것을 알아차린다. 선을 넘지 않게 색칠하고, 수업 시간에는 너무 많이 질문하지 않으며, 주어진 숙제를 잘하는 게 안전하다고 말이다. … **『보랏빛 소가 온다』96쪽**

＼ 안전한 길은 위험하다. 우리는 비판을 싫어하기 때문에 대부분 그냥 숨어버리

거나, 부정적인 피드백을 회피한다. 이리하여 성공하지 않겠다는 약속을 하고 있는지도 모른다. … 『보랏빛 소가 온다』 99쪽

문천식도 나도, 처음 일을 시작했던 때 반지하에서 살았다. 그리고 열심히 일하며 똑같은 해에 같이 집을 샀다. 우리 둘 다 수없이 도전했지만 욕을 먹고 싶어 하지는 않았다. 거의 같은 시기에 드라마에 도전했고 적당히 잘하는 선에서 욕먹지 않고 무난하게 연기했다.

문천식과 동업으로 실내 포장마차를 운영했을 때도 마찬가지다. 여느 포장마차에서든 볼 수 있는 계란말이, 닭똥집, 오돌뼈 같은 안주를 다른 가게들과 비슷한 맛으로 만들었다. '독보적으로 친절하게'가 아니라 다른 가게보다는 조금 더 친절한 정도로 손님을 대했다. 역시 결과도 적당히 장사가 됐고, 크지 않은 수익에 우리는 금방 지쳐버려 본업인 방송으로 돌아갔다.

문천식은 이전에 하던 대로 방송과 라디오, 홈쇼핑에서 활동했고 나는 완전히 잊힌 개그맨으로 방송가에서 사라졌다. 사람들에게 잊힌 뒤 나는 책을 읽었다. 2014년, 책이 시키는 대로 메밀국수 식당을 차려 문천식이 앞에서 표현한 것처럼 한 방에 펑! 터졌다.

현재 시선에서 『보랏빛 소가 온다』의 잣대로 보면 무엇이 잘못됐었는지 알 것 같다. 그때 우리에게 필요한 건 '욕먹는 연기'였다. 하지

만 그땐 몰랐다. 남들과 비슷비슷하게 욕을 먹지 않고 가는 길이 정답이라 믿고 살았다. 그 외의 길을 볼 수 있는 눈 자체가 없었다. 하지만 독서를 시작한 후로는 남들이 가지 않는 길 중에 내가 갈 수 있는 길을 찾을 수 있었다.

나는 부모님으로부터 부지런함을 물려받았다. 이 점은 스스로 잘 안다. 책을 읽으며 남들이 할 수 없는 일, 나만 할 수 있는 방법이 무엇인지 고민했다. '그래, 나는 부지런하니까 모든 음식을 직접 만들어서 장사를 하자. 면을 직접 뽑고 육수도 직접 끓이고 모든 걸 손수 하자'고 결심했다.

돌이켜보면 2014년에 메밀국수 식당을 처음 오픈하며 다른 때보다 유독 더 열심히 했던 건 아니다. 오히려 문천식과 밤무대에 오를 때 훨씬 더 열심히 살았다. 그렇다면 무엇이 달라졌는가?

방향이 달라졌다. 이전에는 적당히, 애매하지만 욕먹지 않을 정도에서 남들과 비슷한 방향으로 달렸다. 하지만 독서를 시작하고부터 달리는 건 똑같은 힘으로 달리되 남들이 가지 않는 방향으로 살짝 방향을 틀었다. (어떻게 방향을 바꿨는지는 나의 전작 『책 읽고 매출의 신이 되다』에서 자세히 설명했다.) 똑같은 노력이지만 방향만 바꿔도 성공할 수 있음을 깨닫는 순간이었다.

나는 신이 나서 또 다른 방향으로 똑같은 노력을 쏟아보았다. 그 방향이 바로 작가의 길이다. 방송국에 출근하는 대신 대학원과 학원으로 출근해 글쓰기를 배웠고, 방송국에서 아이디어를 뽑는 시간만큼 노력해서 글을 썼다. 『책 읽고 매출의 신이 되다』를 완성하는 데 3년이 걸렸고 다음 책인 『이 책은 돈 버는 법에 관한 이야기』는 2년, 바로 직전에 출간한 『나는 어떻게 삶의 해답을 찾는가』는 1년이 걸렸다. 지금 쓰고 있는 이 책은 2024년 8월 26일에 출간될 예정으로, 역시 1년 만에 완성하는 것이다. 이제 내게는 1년에 책 한 권을 쓸 수 있는 내공이 생겼다.

매일 아침 긍정 확언을 올리는 나로서도 특별히 노력을 기울인 건 아니다. 인생의 다른 시절보다 하루에 10분 더 노력했을 뿐이다. 정확히 표현하자면, 내 길을 찾았을 뿐이다. 남들 눈치 보지 않고 욕먹을까 걱정하지 않으며 내가 하고 싶은 일을 한다. 이게 내가 독서를 통해 알아낸 방법이다.

지금 유튜브 채널 '고명환tv'는 구독자가 5만 명이 넘지만, 처음 일 년 동안은 200명 정도에 불과했다. 남들이 닭살 돋는다고 왜 매일 똑같은 영상을 올리냐고 욕해도, 내가 매일 아침 스스로 에너지를 받는 기분이 좋아 외치고 또 외쳤다. 구독자를 늘린답시고 눈치를 보지도 않았다.

21세기 가장 영향력 있는 비즈니스 전략가로 통하는 세스 고딘의 책을 늘 곁에 두고 읽는다. 새로운 아이디어가 필요하고, 문제에 부딪혀 답을 찾지 못할 때 찾아 읽는다. 그중에서도 『보랏빛 소가 온다』는 안전한 길은 위험한 길이라며, 보랏빛 소처럼 리마커블(remarkable)해지라는 메시지를 담은 책이다. 나는 '한 번도 비판을 받지 않는 프로젝트를 수행하는 사람은 결국 실패한다'는 이 책의 메시지를 가슴에 새겼다.

문천식과 나는 '와룡봉추'라는 코너로 이름을 날린 후에 안정적인 방향을 선택했다. 우리는 정말 무난하게 좋은 사람이라는 말을 들으며 욕먹지 않는 삶을 살아왔다. 잘못 산 건 아니다. 여러분이 볼 때 문천식이 잘못 살고 있는가? 아니다. 너무도 안정적으로 잘 살고 있다. 하지만 천식이가 앞의 글을 올린 마음을 나는 이해한다.

때가 된 것이다. 지금까지 인생의 전반전을 잘 살아왔다. 누구나 인생의 전반전은 세스 고딘의 말대로 '지시 받는' 삶을 산다. 이제 지시를 받으려고 서 있는 줄에서 뛰쳐나올 때가 됐다. 인생의 후반전이 시작되었다.

이때가 가장 중요하다. 때가 온 줄은 알겠는데 무엇을 어떻게 해야 할지 방법은 모른다. 그래서 고전이 필요하다. 『보랏빛 소가 온다』가 문천식에게 방향을 알려줄 것이다.

"천식아! 더 열심히 하지 않아도 돼. 너 충분히 열심히 살았어. 대한 민국 사람들이 모두 인정하고 있어. 지금처럼 그대로 살면 돼. 방향만 살짝 바꾸자. 그동안 우리가 무모하고 위험하다고 생각한 그 길! 마음속에만 담아두었던 그 방향으로 첫발만 내딛으면 돼. 두려울 거야. 하지만 걱정하지 마. 책이 도와줄 수 있어. 책을 꾸준히 읽다보면 어느새 네가 가지 않았던 어떤 길로 가고 있는 너를 발견할 거야. 내가 그랬어. 그 길에서 네가 오늘 밤 원하는 한 방에 빵! 하고 터지는 행운들이 얼마든지 널 기다리고 있어. 어떻게 아냐고? 이 모든 기록이 고전에 이미 나와 있더라. 나도 그 길을 따라가며 체험하고 있고. 다시 말하지만 네가 잘못 살아온 게 아니야. 넌 네 속도대로 잘 살아왔어. 이제 방향을 살짝 바꿔야 할 때가 온 것뿐이야. 마흔일곱 살 문천식이 가야 할 인생 후반전의 길을 지금과 똑같은 노력으로 가면 돼. 내가 보낸 책의 어느 한 구절이 네 삶의 방향을 슬쩍 틀어줄 거야. 애매하지 않은, '그래! 이 길이구나' 싶은 너의 길을 발견할 거야. 그때 소주 한잔 사라."

이미 알고 있다는

착각

노래를 잘 부르고 싶었다. 개그맨이자 뮤지컬 배우인 정성화에게 노래하는 법을 가르쳐달라고 부탁했다.

"형, 노래 부르는 방법은 내가 30분이면 알려줄 수 있어. 그런데 그걸 형 몸에서 제대로 운용하려면 10년은 꾸준히 연습해야 해. 그 점을 꼭 알고 있어야 해."

그 말을 듣고 보니 요식업도 마찬가지였다. 나도 식당으로 돈 버는 법은 10분이면 알려줄 수 있다. 아니 요식업을 하지 않는 사람들도 그 방법을 이미 알고 있다.

첫째, 맛있게 만든다.
둘째, 식재료를 속이지 않는다.
셋째, 청결하게 만든다.
넷째, 손님과 주인이 모두 만족할 수 있는 선에서 이윤을 남긴다.
다섯째, 손님에게 친절하게 대한다.

이게 전부다. 사실 우리는 모든 분야에서 성공하는 해법을 알고 있다. 다이어트를 어떻게 하는지 모든 사람이 안다. 다만 그걸 자기 몸에 적용해 운용하는 방법을 체계적으로 모르기 때문에 실패한다. 돈을 벌려면 돈을 좇지 않아야 하는 것도 안다. 그런데 모르는 새 돈을 좇고 있는 자신을 발견한다.

아는 것과 운용하는 것은 완전히 다르다. 대개 알고 있는 것을 자신이 운용하고 있다고 착각하는 경우가 많다.

"일주일에 세 번, 한 번에 15분 이상은 운동을 해줘야 건강해져."
"당연하지, 나도 알아."

보통 우리는 운동을 다짐하고 딱 하루 열심히 하고 힘들어서 그 이후로 한참 동안 운동을 하지 않는다. 자기 자신을 몰라서 그렇다. 내 몸을 몰라서 제대로 운용하지 못하는 것이다. '내 몸의 역량은 얼마만큼인가? 지치지 않고 꾸준히 운동하려면 어떤 계획을 따라야 하는가?' 자신을 판단하여 몸을 운용할 수 있는 계획을 세워야 한다.

처음 책을 읽어야겠다고 결심한 사람은 열정에 휩싸여 1,500쪽짜리 벽돌책을 하루에 읽겠다고 덤빈다. 하지만 잘못된 계획은 실패를 부르고, 실패는 자존감을 하락시키며, 결국 독서를 포기하게 만든다.

혹시 지금 이 순간에도 "다른 사람은 못 해도 나는 할 수 있어"라고 믿는가. 아니다. 안 된다. 한 번도 책을 읽지 않았던 사람이 한 번에 1,500쪽을 읽어 내려가기란 불가능하다. 이럴 땐 차라리 겸손해지는 게 낫다. "다른 사람들은 하루에 100쪽 읽겠지만 나는 꾸준하게 읽으려면 하루 30쪽부터 시작할래." 이런 생각이 훨씬 큰 도움이 된다.

『리타 헤이워드와 쇼생크 탈출』『미저리』등을 쓴 베스트셀러 작가 스티븐 킹은 글쓰기에 관한 책『유혹하는 글쓰기』에서 이렇게 말했다. "한 번쯤 남의 글을 읽고 매료되지 못한 작가는 자기 글로 남들을 매료시킬 수 없다."

이는 '한 번쯤 남의 글을 읽고 매료된 사람은 자기 글로 남들을 매료시킬 수 있다'는 말이다. 즉 누구나 글을 쓸 수 있고, 자기 글로 다른 사람에게 감동을 줄 수 있다. 우리는 방법을 몰라서 못 쓰는 것이 아니라 꾸준하게 쓰지 않아서 못 쓰는 것이다. 글쓰기 방법은 찾아보면 얼마든지 알 수 있다. 나 역시 30분이면 글쓰기 방법을 알려 줄 수 있다.

첫째, 단문으로 쓴다.
둘째, 능동태로 쓴다. 수동태는 최대한 피하라.
셋째, 명쾌하게 쓴다.

단문으로 써야 쉽다. 단문은 분명하다. 쉬운 글이 읽기 좋다. 접속사 없이 한 줄로 끝나기 때문에 읽는 사람이 앞의 내용을 망각하지 않는다. 단숨에 뜻을 파악한다. 또 단문을 자주 써보면 저절로 은유와 비유, 상징을 쓸 수 있는 능력이 생긴다. 은유를 사용할 수 있으면 최고의 글쓰기를 할 수 있다. 단문 연습은 은유 연습이다.

수동형은 소심하다. 능동형은 씩씩하다. 당신이라면 어떤 글을 읽겠는가.

명쾌하게 쓴다. '~것 같다'만 버려도 명쾌하다. "배고픈 거 같아요." 내 배다. 남의 배가 아니다. 내 배가 고프면 "고프다" 아니면 "아니다"라고 말하라. "영화가 감동적인 것 같아요." 영화를 누가 봤는가? 내가 봤다. 감동을 누가 느꼈는가? 내가 느꼈다. 근데 왜 씩씩하게 "감동이

에요"라고 말하지 못하는가! "이 책이 독자 여러분께 도움이 될 것 같아요"로 말하는 책과 "이 책은 독자 여러분께 반드시 도움이 됩니다"라고 말하는 책이 있다면, 당신은 어떤 책을 사겠는가.

이 정도만 알면 베스트셀러 작가가 될 수 있다. 내가 증인이다. 나는 이 세 가지 기준으로 세 권의 베스트셀러를 썼고 대만과 러시아, 베트남으로 판권도 수출했다.

이제 여러분은 글쓰기 방법을 알았다. 다음으로 운용하는 연습법을 알아보자.

지금 당장 책을 내려놓고 눈앞에 보이는 사물 중에 글쓰기 가장 어려워 보이는 소재를 하나 골라라. 그리고 그 소재로 10분 동안 쉬지 않고 글을 써라. 알람을 맞추고 알람이 울릴 때까지. 그야말로 쉬지 않고 손을 계속 움직여야 한다. 머릿속에 떠오르는 말을 계속 받아 적어라. 무슨 말을 써야 할지 생각이 안 나면 '생각이 안 난다'라는 말을 써라.

'생각이 안 난다. 아직도 생각이 안 난다. 어쩌면 이렇게 생각이 안 날까? 명환아 도대체 글쓰기를 얼마나 안 했으면 2분이 지났는데 한 줄도 못 쓰고 있니? 정말 한심하다. 이럴 줄 알았지만 그래도 이렇게 한 줄도 못 쓸 줄은 몰랐다. 하…… 나…… 참…… 또 1분이 지나버렸네. 삼각대에 대해 도대체 어떤 글을 쓸 수 있는 거야? 내가 이걸 들고 사진을 찍은 것도 아니고 유튜브 촬영하려고 사둔 건데 먼지만 쌓이고 있네. 나는 왜 유튜브를 시작하지 못하는 걸까? 너무 잘하려고 해서 그런가? 아니 그보다 먼저 기술적인 것을 배워야 하나? 일단 뭐가 되든 한 편을 찍어보자. 그럼 뭘 찍지? 그래, 내 주변에 일어나는 일을 당장 찍어보자. 어! 엄마가 김치찌개를 끓이고 계시네. 그래, 그럼 김치찌개 요리 영상을 찍어보자. 내 얼굴이 나와야 하나? 아니다. 요리니까 손과 목소리만 나오게 촬영을 해보자. 자, 그럼 찍자! 삼각대야 이리 와!'

이렇게 계속 뇌에서 떠오르는 글을 받아 적다보면 제대로 된 궤도에 진입한다. 만약 10분이 지났는데 궤도에 진입하지 못했다면 15분, 20분…… 시간을 늘리며 글을 써보라. 반드시 내 안에 잠자고 있던 글들이 쏟아져 나올 것이다. 딱 이 방법으로 꾸준히 해보라.

정성화의 말을 다시 떠올려보자. 방법을 아는 데 30분, 그것을 자유롭게 운용하는 데 10년이 걸린다. 10년을 무서워하지 마라. 꼭 10년 후에 베스트셀러 작가가 될 수 있다는 뜻이 아니다. 서두르지 말라는 말이다. 결과가 좋지 않다고 조급해 하지 말라는 말이다. 꾸준히 매일 연습하면 1년 후에도 당연히 베스트셀러 작가가 될 수 있다.

일주일에 한 번 연습하면 10년 동안 해봐야 520번 연습한다. 매일 연습하면 2년 동안 730번 연습한다. 운동은 하루에 몰아서 할 수 없지만 글쓰기는 하루에 집중해서 해볼 수 있다. 할 수 있는 분야와 할 수 없는 분야도 파악할 수 있어야 한다. 자, 이제 선택하라.

2년인가? 10년인가? 나는 당신의 이름을 베스트셀러 작가 명단에서 2년 후에 보고 싶다. 지금 당장 2년 후 베스트셀러 작가가 된 당신의 모습에 대해 10분 동안 쉬지 않고 글을 써라. 됐다. 이제 729일 남았다.

한 끼 식사로

인생의 기쁨을!

『인간의 대지』는 『어린 왕자』의 작가 생텍쥐페리가 동료 네리와 함께 우편 비행 업무를 하며 겪은 일들을 담은 자전적 소설이다. 오랜 비행 생활 속에서 겪은 일을 담았는데, 그중에서도 이 장면이 인상적이다.

＼ 뜨거운 크루아상과 카페오레를 앞에 두고 지난밤 일을 웃으며 이야기하겠지. 네리와 나는 생명이라는 아침 선물을 받게 될 것이다. (중략) 이처럼 나에게 있어 삶의 기쁨이란 그 향기롭고 뜨거운 음료의 첫 한 모금 속에, 우유와 커피 그리고 밀이 뒤범벅된 혼합물 속에 압축되어 있다. ⋯ 『인간의 대지』 29쪽

악천후에 교신이 끊기고, 연료도 바닥나 추락할 위기에서 가까스로 살아 돌아온 날 저녁. 생텍쥐페리는 네리와 함께 식사하고 있다. 그 식사에 기쁨이 충만하다.

나는 이런 식사를 해본 적이 있는가 돌아본다. 일을 마치고 돌아와 갓 지은 하얀 밥 위에 김치 한 줄기를 얹어서 크게 한입 떠넣고, 두부가 가득 들어간 된장찌개를 한 숟가락 후루룩 들이켰을 때 온몸과 영혼까지 녹아내리는 그런 식사.

밥 한 숟가락이 삶의 기쁨이 되려면 그 전에 반드시 전제가 필요하다. 바로 치열함이다. 나는 꽤 치열하게 살아왔다고 생각하지만 생텍쥐페리가 『인간의 대지』에서 그려낸 그런 식사를 해본 적은 없다.

생텍쥐페리는 1900년에 태어나 1944년에 죽었다. 이 당시 비행기 기술은 완전하지 못했다. 매 순간이 목숨을 건 비행이었다. 생텍쥐페리뿐만 아니라 모든 동료 비행사가 목숨을 걸고 비행을 다녔다. "그가 돌아오는 것은 언제나 다시 출발하기 위함이었다"라는 문장처럼 다시 출발하기 위해 돌아왔다. 그러나 결국 그들은 돌아오지 못했다. 생텍쥐페리는 비행기 추락으로 사망하였다.

그들은 매 순간 비행이 마지막임을 알면서도 출발한다. 어떤 용기이고 어디서 나온 힘인가? 무엇이 그들을 죽음을 향해 기꺼이 날아오르게 했을까? 편안하고 안락한 사무실에서 근무하며 가족들과 행복한 삶을 살 수도 있는 사람들이었다. 하지만 그들은 날아올랐다.

> ＼ 늙은 사무원이여, 누구도 그대를 탈출시켜 주지 않았다. (중략) 그대는 소시민
> 적인 안전 속에서, 틀에 박힌 일과 속에서, 시골 생활의 숨 막히는 관례 속에
> 서, 공처럼 굴러다니며 바람과 조수(潮水)와 별을 막기 위해 그 보잘것없는 성
> 벽을 쌓아 올렸다. (중략) 이제 그대를 빚어준 진흙은 말라 굳어 버렸다. 이제
> 는 그 어떤 것도 그대의 마음속에 깃들었을지 모를 잠든 음악가나 시인, 혹은
> 천문학자를 깨울 수 없을 것이다. ⋯ 『인간의 대지』 23~24쪽

사무원을 비하하는 말이 아니다. 안전을 추구하며 도전을 멈춰버
린 우리 모두에게 정신 차리라고 외치는 생텍쥐페리의 목소리다. 목숨
을 걸고 치열하게 자신의 소명을 다하는 사무원이 되라는 말이다. 남
들이 좋다고 하는, 안정적인, 돈을 많이 버는 일들이 아니라 내 속에 잠
들어 있는 나의 소명, 진짜 나, 지구라는 행성을 떠받치는 다리가 있다
면 기꺼이 다리 밑으로 들어가 내 어깨를 내어주라는 외침이다.

다시 날아오르기 위해 내 몸에 기꺼이 연료를 채울 때야말로 충만
한 식사를 할 수 있다. 이럴 때 한 끼 식사가 가장 가치 있다. 매번 식사
할 때마다 마지막 음식인 것처럼 먹으라는 말이 아니다. 세상에 끌려
다니지 않고 스스로 삶의 항로를 개척해 그 험난한 길을 기꺼이 걸어

갈 수 있다면 매 순간이 삶의 기쁨으로 충만한 식사가 된다.

『인간의 내지』는 제대로 된 항로를 개척하는 사람들의 이야기다. 자연은 쉽게 그 길을 알려주지도 않고 내어주지도 않는다. 목숨을 걸고 치열하게 도전하는 사람에게만 길을 열어준다. 우리의 삶도 이와 같다.

＼ 우리는 오직 물질적인 부를 위해 일함으로써 스스로 감옥을 짓는다. 우리는 타버린 재나 다름없는 돈으로 우리 자신을 고독하게 가둔다. 삶의 가치가 깃든 것이라고는 무엇 하나 살 수 없는 그 돈으로. ⋯ 『인간의 대지』 41쪽

가만히 생각해보라. 당신은 최근에 언제 가장 행복했는가? 자신이 이 지구에 가치 있는 존재라고 느껴본 적이 있는가? 내가 태어난 이유로 잘 살고 있다고 느껴본 적 있는가? 당장 죽어도 후회가 없다고 느껴봤는가? 그 순간이 과연 돈과 연관이 있는 순간이었는가?

요즘 너무도 행복한 순간이 오면 나도 모르게 입에서 "그래 이게 삶이야"라는 말이 터져 나온다. 작년 봄에 식당 주방에서 메밀국수를 삶다가 열린 창문 틈으로 벚꽃 향기가 실려와 내 몸을 감싼 순간이었다. 물론 돈을 벌려고 메밀국수를 삶는 중이었지만 돈이 1순위는 아니었다. 돈이 벌리는 것은 그다음 순간의 결과이고 벚꽃 향기는 '지금'

이다.

지금 행복해야 한다. 지금 먹는 밥이 삶의 기쁨으로 충만해야 한다. '나중에 성공하면, 돈을 많이 벌면, 집을 사면, 건물주가 되면'이 아니다. 이런 목표를 가진 이는 돈을 못 벌고 집을 못 사고 건물주가 되지 않으면 절망적인 순간을 맞이한다.

생텍쥐페리의 비행은 그 결과가 매 순간 죽음을 향하고 있었다. 결과로 따지면 이보다 더 무서운 결과가 없다. 죽음이라는, 어쩌면 인간에게 닥칠 수 있는 최악의 결과를 향해서 날아오를 수 있는 힘이 궁금하지 않은가? 모두가 전쟁 영웅이 되어 치열하게 살라는 말이 아니다. 자기가 있어야 할 곳을 찾고, 있어야 할 이유를 알아낸 후에 '지금' 그임무를 충실히 수행하면 된다. 나 역시 지금 그런 마음으로 이 글을 쓰고 있다. 글을 쓰는 동안 밤이 지나고 날이 밝았다.

＼ "자네는 새벽이 오는 것을 시인만큼이나 멋지게 즐길 수 있지." … 『인간의 대지』 57쪽

지금 이 새벽은 커피 한 잔이면 충분하다. 뭔가 더 있으면 방해만된다. 커피 한 잔과 책 한 권으로 내 인생 중 지금 이 순간이 완성된다. 완전히 꽉 채워졌다. 지금 내게 더 이상 필요한 것은 없다.

오늘 밤, 내일 새벽 동이 틀 때까지 책을 읽어보라. 자신의 일에 푹 빠져보라. 현재에 충실해보라. 새벽이 찾아왔을 때 무엇이 당신을 기쁘게 하는지 둘러보라. 당신 앞에 놓인 현재를 보라. 우리에게 많은 것이 필요하지 않음을 깨달으리라.

충만함을 느꼈다면 당신은 제대로 된 항로를 개척한 것이다. 이제 그곳으로 날아오르자. 제대로 된 항로를 찾았다면 용기는 필요 없다. 모든 사람이 말려도 당신은 날아오를 것이다. 생텍쥐페리의 마지막 비행 역시 그랬다. 나이도 많았고 의료 기록도 불리했지만 그는 다시 한 번 상관을 조르고 끈질기게 노력하여 제한된 비행 허가를 얻어냈다.

1944년 7월 31일 생텍쥐페리는 안느시와 그르노블 상공으로 날아올랐고 돌아오지 않았다. 그의 '돌아오지 않음'을 안타까워하지 말아야 함을 이세 나는 안다. 생텍쥐페리는 스스로 개척한 항로를 따라 지금도 계속 날아가고 있을 테니까. 그는 매일 떠오르는 새벽의 첫 태양을 보며 경이로움을 느낄 것이다. 어쩌면 지금쯤 소행성 B612에서 어린 왕자와 뜨거운 크루아상을 맛보고 카페오레를 마시며 이런저런 얘기를 나누고 있을지도 모른다. 지금 이 순간에 말이다.

늘 죽음을
기억하고 극복하라

인간은 죽음을 가장 큰 고통으로 느끼도록 설계됐다. 나 역시 그랬다. 죽음을 무서워했고, 피하고 싶고, 생각하기도 싫었다. 심지어 공포 영화 보는 것도 싫어했다.

서른네 살, 눈을 떠보니 사흘 안에 죽는다는 선고를 받았다. 70년 후에 와야 할 손님이 지금 당장 찾아온 것이다. 아무런 준비도 못 했는데 불쑥 찾아왔다.

＼ 죽음 자체에 대한 두려움이 있다. 죽음은 고통과 역경을 대하는 우리의 기본자세를 설정하고, 회피는 우리의 패턴으로 자리 잡는다. 나쁜 일이 벌어지면 인

생이 나한테 가하는 고통과 남들이 나를 위해 해주지 않는 일들을 불평하고 어려운 상황으로부터 더 멀리 도망가는 게 자연스러운 반응이 된다. … 『**인간 본성의 법칙**』 901쪽

처음엔 당황했다. 아니 황당했다. 두려움도 있었다. 하지만 제일 먼저 사라진 것이 죽음에 대한 두려움과 공포였다. 죽음에 대한 공포는 살아날 가능성이 있을 때만 생기는 것 같다. 그 가능성이 제로가 되면 공포도 함께 사라진다. 마음은 그 어느 때보다 평온했다. 원망은 전혀 없었다. 모든 것이 감사하고 사랑스러웠다. 다만 한 가지 아쉬움이 가슴을 계속 울렸다.

'뭐가 그렇게 무서워서 다른 사람 눈치 보고 남들이 하라는 대로 살았을까?'

스물여덟 살의 나이에 사형을 선고받은 도스토옙스키는(사회주의 운동에 가담했다는 이유로 사형을 선고받지만 집행 직전 기적과 같이 감형을 받아 사형을 면한다) 죽음을 눈앞에 두고 '만약 내가 죽지 않는다면, 만약 산다면 나의 삶은 끊임없는, 영원처럼 느껴지며 1분이 백 년과 같으리라. 만약 내가 살아남는다면 인생의 단 1초를 소홀히 하지 않을 텐데……'라고 생각했다.

나도 사형 선고를 받았지만 '만약'은 생각할 수조차 없는 상태였다.

'만약 살아남는다면'의 단계를 넘어 필연적으로 '죽는다'는 걸 알고 있었다. 길어야 사흘이라 하니, 공포를 느낄 시간조차 없었다. 사흘 동안 어떻게 살 것인가에 집중했다.

도전해보지 못한 일들에 대한 아쉬움만이 째깍거리는 시계 소리와 함께 내 가슴과 머리를 오르내렸다. 기적적으로 살아나 일반 병동으로 돌아와 제일 먼저 든 생각은 그동안 내가 죽음을 너무 간과하고 살아왔다는 사실이었다.

사실 죽음은 어떤 순간에나 우리와 함께 있다. 늘 공포에 떨면서 살라는 말이 아니다. 아니, 조금 무서워도 죽음을 늘 생각하면서 사는 게 훨씬 도움이 된다. 죽음을 고통으로 여기고 회피하기 시작하면 모든 고통스러운 순간마저 회피하게 된다.

도전에는 고통이 따른다. 실패에 대한 두려움이 따르기에, 고통을 피하려는 사람들은 도전하지 못한다. 그래서 성공한 사람들은 죽을 각오로 덤벼들라고 말한다. '죽을 각오'라 하면 엄청난 뭔가를 발휘해야 할 것 같지만 그렇진 않다. 간단한 생각의 전환으로 죽을 각오를 만들 수 있다. 바로 죽음에 정면으로 맞서는 것이다. 누구도 피할 수 없다. 그렇다면 미루지 말고 지금부터 늘 생각하고 준비하고 느끼며 살면 어떨까.

'굳이 일부러 매일 죽음을 생각하며 불안하게 살아야 하나요?'라고 묻는다면 『인간 본성의 법칙』에 나온 이 문장으로 답하고 싶다.

＼ 우리가 선택할 수 있는 다른 대안은 프리드리히 니체가 '아모르 파티(amor fati, 운명에 대한 사랑)'라고 말한 것을 철저히 고수하는 것이다. (중략) "미래에도, 과거에도, 영원히, 필연적인 일을 단지 견디기만 하는 것이 아니라, 사랑하는 것이다." … **『인간 본성의 법칙』 901쪽**

견디기만 하는 게 아니라 사랑해야 한다. 죽음을 매일 생각하는 삶이 사랑하는 삶이다.

죽음을 매일 생각한다는 것은 시간이 얼마 남지 않았음을 느끼는 것. 시간이 부족함을 느끼면 인간은 집중하게 된다. 독자 여러분도 데드라인을 두고 과제를 수행해본 적이 있을 것이다. 데드라인이 오기 전 1분, 1초를 우리는 얼마나 아끼고 사랑했던가. 그때의 집중력으로 얼마나 창의적으로 생산해낼 수 있었던가!

MBC에서 오랜 무명 생활을 거치던 중 데드라인을 선고 받은 적이 있다. '깻잎 소녀'라는 코너에 캐스팅됐는데 분장하고 여고생 연기를 하는 거였다. 녹화 전날까지 나는 적당한 캐릭터를 찾지 못했다. 내일까지 재밌는 캐릭터를 만들지 못하면 당장 녹화할 수 없음은 물론이고, MBC에서 더 이상 코미디 프로그램에 출연할 수 없다는 통보를 받왔다. 그야말로 마지막이었다. 무명 개그맨이 방송에 출연하지 못하는 것은 죽음 그 자체다.

집에 갔지만 답답해서 방에 있을 수가 없었다. 차를 몰고 서강대교 아래 여의도 쪽 공영주차장에 차를 세웠다. 죽으려고 한강에 간 것이 아니고 살려고 한강에 갔다. 밤 12시가 넘어가자 불안하고 두려웠다. 내일 아침 9시까지 캐릭터를 만들어 가야 하는데 '이거다!' 싶은 캐릭터를 만들지 못했다. 차 안에서 밤새 수백 가지 캐릭터를 연습했다.

아침 7시, 마음이 평온해졌다. 이유는 모르겠다. 어쩌면 죽음을 받아들였던 서른네 살의 그 마음과 같았으리라. 데드라인이 다가오면서 모든 걸 내려놓는 순간 "그래, 어차피 마지막인데 내가 하고 싶은 거, 내가 잘하는 거 하고 미련 없이 떠나자"라는 말이 입에서 저절로 흘러나왔다. 인생에 유일하게 한 번 100퍼센트 내 마음대로 해보자고 마음먹은 순간이었다.

나는 경상북도 상주에서 20년을 살았기 때문에 말투에 사투리가 남아 있었다. 방송할 땐 사투리를 사용하지 않았지만 편한 일상에서는 사투리와 표준어가 섞인 묘한 말투를 썼다. 그 억양이 재밌다며 동료들이 따라 하곤 했는데, 내 말투를 좀 더 과장하여 느리게 말하는 것이었다. "그래 이 말투, 이 억양이 내가 제일 잘하는 것이고 진짜 내 모습이니까 이걸 마지막으로 보여주고 미련 없이 가자." 오히려 마음이 편해지고 당당해졌다. 죽음 앞에서 마주한 감정도 이런 느낌이었다.

리허설 현장에 있는 동료 개그맨들은 내가 데드라인 선고를 받았다는 사실을 알고 있었다. 오히려 나보다 더 긴장한 표정으로 나를 바라봤다. 하지만 난 전혀 떨리지 않았다. 나 역시 그런 나 자신이 너무 궁금하고 대견했다. 그것은 체념이 아닌 무한한 자부심과 충만함 그리고 마땅한 도전 정신이었다. 결과에 상관없이 절대 후회 없는 하루를 맞이하고 있다는 완벽한 믿음. 그게 내 속에서 솟아올랐다.

결과는 어땠겠는가? 이런 정신으로 일을 대하는 사람의 결과가 잘못된 적은 없다. 내 연기에 모든 스태프가 배를 잡고 웃었고, 그 말투를 '깻잎 소녀' 한 코너에서만 쓰기는 너무 아깝다며 문천식과 듀엣으로 코너를 따로 만들어줬다. 그 코너가 내 이름을 세상에 처음 알린 '와룡봉추'였다.

나는 개그맨으로서 마지막 순간을 이겨냈다. 데드라인 전날, 어차피 답도 없으니 그냥 술 한잔 마시고 자는 길을 택할 수도 있었다. 실제로 그런 생각도 해봤다. 하지만 도망치고 싶지 않았다. 죽을 각오로 한강에서 밤을 새웠다. 그리고 해답을 찾았다. 죽음을 항상 가슴에 품고 있으면 이런 결과를 얻는다. 한번 도망치기 시작하면 계속 달아난다. 하지만 죽음은 우리를 끝까지 쫓아온다. 도망가지 말고 확 돌아서서 두 팔 벌려 죽음을 꽉 안아라. 니체의 말대로 '견디지 말고 사랑하라.'

죽음에 대한 말 중 "메멘토 모리(Memento mori)"가 가장 유명하다. "자신의 죽음을 기억하라." 고대 로마에서 개선장군이 행진할 때 노예를 시켜 행렬 뒤에서 이 말을 외치게 했다. '전쟁에서 승리했다고 너무 우쭐대지 말고 언젠가 너도 죽으니 겸손하게 행동하라'는 뜻이다.

우리는 성공 후에도, 돈을 엄청나게 번 후에도 계속 앞으로 나아가야 한다. 죽음을 생각하지 않으면 성공 후에 그 자리에 머무르게 된다. 머무는 삶은 견디는 삶이고 녹슬어가는 삶이다. 우리는 녹슬어 사라지지 말고 닳아서 사라져야 한다. 닳아서 사라진다는 것은 어려운 일이 아니다. 어떤 순간에도 한 걸음만 앞으로 더 나아가면 된다.

인간은 그 자리에 머물거나 돌아서면 죽음의 공포를 느낀다. 하지만 죽음을 향해 끊임없이 나아가는 순간에는 두려움을 느끼지 않는다. 난 서른네 살에 죽음 앞에서 돌아서지 않았다. 그래서 유언도 하지 않았고 재산 정리도 하지 않았다. 남들이 죽음 앞에 가면 하라고 일러준 일들을 하지 않았다. 남은 사흘 동안 오롯이 나를 돌아보며 나에게 집중하는 삶을 살았고 기적적으로 회복이 돼 52세, 지금까지 살고 있다.

사고로부터 20년 가까이 시간이 흘렀지만, 삶을 대하는 나의 태도는 똑같다. 매일 죽을 수 있다는 생각 속에 산다. 그래서 1초도 끌려다니며 살고 싶지 않다. 일반 병동에 돌아와 지금의 나를 만들어준 위대한 질문이 바로 이것이다.

'명환아, 세상에 끌려다니지 않고 살려면 어떻게 하면 될까?'

죽음을 회피하는 순간 끌려다니는 삶이 시작된다. 죽음을 늘 묵상하고 정면으로 맞서는 순간 인생의 지배자가 된다. 어떻게 항상 죽음을 생각할 수 있을까? 그 방법을 연구하라. 답은 고전 속에 있다.

3부
무엇을 행해야 하는가

일단 시작한 후에
계획하라

"연애할 때는 온갖 맹세로 나를 유혹하더니 결혼하고 나니까 하나도 안 지키네?"

아내가 종종 나를 놀리며 하는 말이다. 사실 기억이 안 난다. 연애할 때 분명 수많은 맹세와 약속과 결심을 했는데, 그 내용은 기억이 안 난다.

연애할 땐 사랑의 감정이 너무 맹렬했다. 정말 못 할 일이 없었다. 상투적인 표현으로, 밤하늘의 별도 오늘 당장 따줄 수 있었다. 거짓말이 아니었다. 사랑하는 사람에게 뭐든지 해주고 싶고 또 뭐든지 해줄 수 있는 자신감이 있었다. 그런데 왜 그 모든 약속을 잊어버린 걸까.

왜 연애할 때의 결심을 지키지 못하는지 『햄릿』을 읽고 깨달았다. 격정 속에서 한 결심은 격정이 사라지면 함께 사라진다는 것을. 문제는 '격정'이었다.

﹨ "감정이 격할 때 하는 결심, 그 감정 사라지고 나면 잊힌다오." ⋯ 『햄릿』 110쪽

갑자기 속에서 '확' 열정이 솟아날 때가 있다. 연말에, 새해에, 동기부여 강사의 강의를 들었을 때, 감동적인 성장 드라마를 봤을 때, 누군가를 사랑하기 시작할 때, 어려움이 닥쳤을 때 등등 수많은 순간 우리는 격정에 사로잡힌다. 특히 인간은 1월 1일에 격정적으로 변한다. 술과 담배를 끊고, 운동을 시작하고, 책을 읽고, 늦잠을 자지 않겠다, 결심하고 맹세하고 영상도 찍어눈다.

이 격정을 완성하는 방법이 결심이다. 내일부터 당장 새벽 4시에 일어나 책을 하루에 한 권씩 읽겠다고 결심한다. 내일부터 매장에서 먹고 자며 24시간을 쉬지 않고 일하겠다고 결심한다. 매일 영어 단어를 20개씩 외우고 영어 문장 5개씩을 외우겠다고 다짐한다. 주민센터 체육관에 등록하고 남산에도 일주일에 세 번 이상 아침 일찍 오르겠다고 약속한다. 저녁 7시 이후엔 절대 음식을 먹지 않으며 뱃살을 빼겠다고 써서 벽에 붙여놓는다.

솟아오르는 격정으로 결심하면 그 자체로 뭔가를 이뤄낸 느낌이 든다. 아주 만족스럽다. 이미 내가 성장한 깃처럼 느껴진다. 하지만 격정이 사라지면 결심도 함께 사라진다.

격정에 사로잡혀 결심할 때 인간은 항상 자기 능력치보다 훨씬 더 큰 결심을 한다. 이룰 수 없는 결심을 하는 것이다. 그러니 곧 포기할 수밖에 없다.

내가 3년 가까이 꾸준히 긍정 확언을 외쳐온 성공 비결이 있다. 바로 결심하지 않고 그냥 시작하는 것. 어느 날 문득, 그냥 긍정 확언 영상을 찍었다. 누구한테 보여줄 것인지, 어떻게 잘 찍을 것인지 고려하지 않았다. 그냥 일단 촬영했다. 매일 찍어보면서 긍정 확언 자체가 너무 좋음을 느꼈고, 어쩌면 100일까지, 아니 더 오래 할 수도 있겠다는 자신감이 생겼다. 여전히 결심은 없었다. 300일 정도 지나자 1,000일 동안 매일 긍정의 말을 외치면 엄청난 일이 일어나리라 확신이 생겼다. 이때 결심했다.

"그래 일단 1,000일까지 외치자!"

이렇게 만들어진 결심은 사라지지 않았다. 격정 속에서 결심하지 않았기 때문이다. 300일 동안 검증하고, 느끼고, 분석하고, 판단한 후에 차분한 상태에서 결심한 결과다.

책 읽기도 마찬가지다. 난 과거 10년 동안 매년 새해가 되면 1년

365권 읽기를 결심했다. 그렇게 한 결심은 두 달 이상 간 적이 없다. 하지만 2017년 10월 17일 어느 날 문득,『노인과 바다』를 하루 만에 읽었고 뿌듯함을 느꼈다. 다음 날에는『데미안』을 하루 만에 읽었고 재미를 느꼈다. 또 다음 날에는『몽실 언니』를 하루 만에 읽었다. 너무 신났다. 그 뒤로도 결심 없이 그냥 읽기 시작했고, 365일 동안 230권 정도의 책을 읽었다.

하루도 책을 읽지 않은 날이 없었다. 아무리 피곤하고, 술을 많이 마셨어도 읽었다. 결심을 지킨다는 느낌이 아니라 그냥 늘 자연스럽게 하던 행동이니까 이어가는 느낌이었다. 365일 동안 격정에 사무친 날은 하루도 없었다. 늘 차분하고 평온했다.

이런 평정심을 유지하는 게 중요하다. 결심하기보다는 '문득'을 느낄 수 있어야 한다. 나는 글쓰기도 문득 시작했나. 무라카미 하루키는 야구 경기를 보다가 문득 "내가 소설을 쓸 수 있겠다"라고 말한 후에 바로 문구점에 가서 원고지와 펜을 사서 자신의 첫 소설인『바람의 노래를 들어라』를 썼다고 한다.

나의 첫 책『개그맨 고명환의 8주 식스팩 프로젝트』는 내가 운동하며 써놓은 일기를 엮은 것이다. 처음부터 책을 쓰려고 결심했던 게 아니다. 운동을 하면서 힘든 느낌과 몸이 변해가는 과정이 너무 신기해 일기로 기록해뒀다. 한 언론사와 인터뷰를 하다가 그 일기 이야기를 했더니 출판사에서 그걸 보고 책으로 내자고 제안했다. 그렇게 나의 첫 책이 출간됐다.

두 번째 책인 『책 읽고 매출의 신이 되다』는 자기계발서를 읽다 문득 '나도 쓸 수 있겠는데'라는 생각에 제목과 목차를 적어보며 시작됐다. '이런 제목과 목차의 책이라면 나도 사고 싶은데'라는 마음이 들었고, 글쓰기 학원을 찾아 그날 바로 등록했다.

결심하기를 경계해야 하는 이유는 너무 '무리하게 계획을 세운다는 것'에 있다. 특히 격정에 사로잡혀 결심할 때 인간은 본인의 역량보다 훨씬 큰 결심을 하게 마련이다. 그렇게 해야만 격정이 채워지기 때문이다.

그렇다면 '문득'은 어떻게 내 안에서 튀어나오는가? 역시 평소에 내공을 쌓는 방법밖에 없다. 무라카미 하루키 역시 번역일을 하며 책을 엄청 읽었다. 나 역시 끌려다니지 않는 방법을 알고 싶어 책을 많이 읽었다. 책을 읽지 않아도 결심 대신에 간절한 마음으로 사색하면 '문득'이 튀어나올 수 있다.

베네딕트 수도원에 머물며 유럽인들의 정신적 아버지 역할을 한 독일의 안셀름 그륀 신부님의 에세이 『머물지 말고 흘러라』에는 이런 구절이 나온다.

> ＼ 결심이라는 구실로 양심의 가책을 줄일 수는 있겠지만, 효과는 없습니다. (중
> 략) 결심은 때때로 현재의 도전을 피해 전혀 구속력이 없는 미래로 도망치는
> 것과 다르지 않습니다. … 『머물지 말고 흘러라』 92쪽

결심은 미래로 도망치는 것이다. 내일부터 책을 읽겠다고 다짐하는 건 내일로 도망간 것이다. 그냥 지금 당장 읽기 시작하라. 주문한 일기장이 도착하면 일기를 쓰겠다? 아니다. 지금 당장 아무 종이나 꺼내서 일기를 쓰라. 그리고 일기장이 도착하면 옮겨 적어라.

인간은 지금 하고 싶지 않아서 결심을 한다. 결국 미루고 싶을 때 결심하는 것이다. 그러면 안 된다. 자, 지금부터 절대 결심하지 않겠다고 결심하라. 아니다. 그냥 하라. 지금 당장 할 수 있는 일부터 시작하면, 결심하지 않을 수 있다.

지금 시작할 수 있는 일을 찾아보라. 얼마든지 있다. 그것을 시작하고 계획을 세우라. 그리고 '문득'이 튀어나올 때까지 꾸준히 밀고 나가라. 결심 금지.

장자의 피리 소리는

어디서 나는 걸까?

수많은 성공한 사람들이 자신에게 행운이 따랐음을 인정한다. 그렇다면 행운은 무작위로, 우연히 찾아오는 것일까? 절대 아니다.

행운은 누구에게나 찾아온다. 행운은 바람처럼 늘 우리 주변에 있다. 성공한 사람들은 그것을 볼 수 있는 눈이 있었고, 그렇지 않은 사람들은 행운이 왔었다는 사실조차 몰랐을 뿐이다. 그 행운을 볼 수 있는 사람이 행운에 손짓하면 그 사람에게 행운이 찾아간다.

나 역시 행운이 많이 따랐다. 『책 읽고 매출의 신이 되다』와 『이 책은 돈 버는 법에 관한 이야기』가 베스트셀러가 된 것은 엄청난 행운이 따랐기 때문이다. 그런데 더 큰 행운을 보는 눈을 가진 사람이 내 주변에 있었다. 바로 내 책을 편집한 최지연 편집자다.

최지연 편집자는 내 책이 국내에서 베스트셀러가 될 수 있음은 물론, 해외로까지 수출될 수 있다는 행운을 보았고, 그 행운을 내게 알려 줬다. 매출과 돈에 관련된 책을 썼던 내게 이번에는 인생의 해답을 찾는 책을 써보라고 권했다. 그렇게 탄생한 책이 『나는 어떻게 삶의 해답을 찾는가』였다. 이 책은 국내에서 베스트셀러가 되었고 동시에 일본, 대만, 베트남과 러시아까지 수출되는 행운이 찾아왔다. 정확하게 표현하자면 최지연 편집자가 나의 행운을 본 것이다.

그렇다면 누가 행운을 볼 수 있는가? 행동경제학의 창시자이자 심리학자로는 최초로 노벨경제학상을 수상한 대니얼 카너먼의 책 『생각에 관한 생각』에 등장하는 유명한 고릴라 실험을 살펴보자.

흰색 티셔츠와 검은색 티셔츠를 입은 두 팀이 농구 시합을 한다. 그리고 관찰자들에게 지시를 내린다. 흰색 티셔츠를 입은 팀이 공을 몇 번이나 패스하는지 그 수를 정확하게 세어야 한다고. 그렇게 영상을 보여준 뒤에 관찰자들에게 질문을 던진다. "화면에 등장한 고릴라를 보았나요?"

수천 명이 이 영상을 보았지만 그중 절반 이상이 고릴라를 보지 못했다. 심지어 고릴라를 못 본 사람들은 고릴라가 절대 나타나지 않았다고 확신했다. 하지만 다시 영상을 틀어주면 중간에 고릴라 복장을 한 사람이 등장해 화면을 가로질러 가다가 가슴을 치고는 다시 화면 밖으로 사라지는 모습이 보인다. 고릴라는 9초 동안 화면에 등장했다.

╲ 눈에 띄는 장면도 못 볼 수 있다는 점, 그리고 우리가 못 본다는 사실을 모른다는 점이다. … **『생각에 관한 생각』 44쪽**

눈에 보였지만 보지 못했다. 그리고 사람들은 자신이 보지 않은 것에 대해서는 절대 믿지 않으려 했다. 성공하는 비결, 돈 버는 비법, 행운도 마찬가지다. 존재하지만 아주 작은 차이라 보지 못한다. 그리고 내 눈에 보이지 않아 믿지 않는다.

우리 주변에 항상 행운이 바람처럼 날아다니고 있다고 믿어야 한다. 믿어야 보인다. 행운을 잡지 못한 사람 중 대부분은 행운이 늘 우리 주변에 있다는 것을 믿지 않는 사람들이다. 보이지 않지만 행운은 늘 우리 주변에 존재한다는 사실을 일단 믿어보자.

다음으로 준비해야 한다. 행운은 기회가 준비를 만난 것이라고 한다. 기회가 행운이 되려면 준비를 만나야 한다. 장자의 책『장자』에서 「제물론」편에 '피리 소리 이야기'가 나온다. 바람과 구멍, 소리의 관계를 어떻게 보느냐에 관한 이야기다. 철학자 강신주는 이 '피리 소리 이야기'에 대해『강신주의 장자수업』에서 이렇게 말한다.

피리 소리는 어디에서 나는 것인가. 이 책에서 강신주는 피리 소리는 바람과 구멍이 만나야 나는 것이지 바람과 구멍이 따로 존재해서는 소리를 내지 못한다고 해석한다. 나도 이 해석에 동의한다.

기회는 공중의 바람처럼 우리 주변에 늘 떠다닌다. 우리가 준비해야 할 것은 피리 구멍이다. 구멍이 크다고 좋은 게 아니다. 내게 맞는 크기의 구멍을 만들었을 때 기회의 소리를 포착할 수 있다.

학창 시절 누구나 합창을 해본 적 있을 것이다. 노래를 부르다 화음이 딱 맞으면 시원한 바람이 몸을 관통하는 느낌을 받는다. 이처럼 내가 준비해놓은 구멍에 기회가 지나갈 때 나만 들을 수 있는 소리가 난다. 성공한 사람들은 모두 그 소리를 듣고 기회를 잡은 것이다.

그렇다면 내가 준비해야 할 피리 구멍은 무엇일까? "내 언어의 한계가 내 세계의 한계다"라는 비트겐슈타인의 말에서 해답을 찾을 수 있다. 『손자병법』의 "이겨놓고 싸워라"에서 해답을 찾을 수 있다. 고명환의 "해답은 고통 속에"에서도 해답을 찾을 수 있다. 크기가 다른 여러 개의 구멍을 준비하면 더 좋다. 다양한 책을 읽고 다양한 언어를 익혀야 한다.

이 세계의 언어를 모르면 이 세계의 소리를 들을 수 없다. 이 말이 바로 앙드레 지드가 『지상의 양식』에서 말한 "사람은 오직 자기가 이해할 수 있는 것밖에는 아무것도 하지 못한다고 자신할 수 있다. 이해한다는 것은 곧 스스로 행할 수 있음을 느끼는 것"이다.

내가 이 책에서 언급한 고전은 60권 남짓이다. 겨우 60권이다. 그런데도 내 안에서 울리는 피리 소리는 수천수만 곡의 아름다운 행운의 노래로 편곡되어 내 심장을 쾅쾅 울린다. 더 읽고 싶다. 더 알고 싶다. 매일 밤을 새워서라도 고전을 읽고 싶다는 욕구가 치솟는다.

당신에게도 수많은 애창곡이 있지 않은가. 때에 따라 나를 위로하고 힘도 주는 애창곡. 난 고전이 들려주는 피리 소리가 애창곡이다. 고전과 내가 따로 존재하면 의미가 없다. 가슴으로 고전이 관통하고 지나가야 한다. 고전이 심장을 꿰뚫는 순간 나는 거인으로 다시 태어난다.

나만의 피리 구멍은 결국 생각을 통해서 만들 수 있다. 가장 생각을 많이 하게 만드는 책이 고전이다. 아직 행운을 한 번도 만나보지 못한 독자들도 걱정하지 마라. 지금 이 순간이 당신의 피리 구멍 하나가 만들어지는 순간이다. 당신은 이제 볼 수 있고 들을 수 있다. 그리고 행운이 늘 우리 주변에 있다고 믿는다. 이 책을 읽은 후에는 책에서 소개했던 고전을 따라가라. 단 너무 빨리 걸으면 안 된다.

앞서 언급한 『생각에 관한 생각』에서 대니얼 카너먼이 말했다.

＼ 내 인생에서 최고의 아이디어는 (중략) 편안히 걷던 중에 나왔다. … 『생각에
관한 생각』 67쪽

자기만의 속도로 고전을 읽어가라. 공들여 피리 구멍을 준비하라. 행운의 소리는 귀가 아니라 마음으로 듣는 것이다. 고전에서 뿜어져 나오는 생각의 파동으로 당신의 가슴을 뚫어라. 저 멀리 있는 행운도 당신의 피리 구멍으로 지나가고 싶어지도록 타인을 위한, 지구를 위한 피리 구멍을 만들어라.

딱 10분만,

무슨 수를 써서라도

충격적인 기사를 읽었다.

╲ "아무것도 안 할래요" 인기 폭발······月 매출 380억 '1위 등극' ··· 「한국경제」
2024년 3월 1일

게임에 관한 기사였다. 나 역시 게임에 미쳐본 적이 있다. '게임에 미쳤다'는 말은 보통 게임을 '열심히 한다'는 뜻이다. 점수를 더 높이기 위해, 다음 단계로 가기 위해, 끝판을 깨기 위해, 마지막 대마왕을 죽이기 위해 밤을 새워 열심히 했다. 나에게 게임은 열심히 하는 거였다.

그런데 이 기사에서 언급하기를 '방치형 게임'이 인기를 얻고 있다고 한다. 방치형 게임. 특별한 조직 없이도 자동으로 게임이 놀아가는 게임. 알아서 게임이 조작되고, 아이템도 자동으로 생성되니 계속하게 된다고.

'게임조차 열심히 하지 않는 세상인가?' 싶었다. 아니, 내가 모르는, 방치함으로써 느껴지는 재미가 있으니 사람들이 이런 게임을 즐길 것이다. 기사에서는 방치형 게임이 인기 있는 이유가 '스낵 컬처'의 유행 때문이라고 분석했다. 얼른 스낵 컬처의 뜻을 검색했다.

╲ **스낵 컬처** ⋯ 과자를 먹듯 5~15분의 짧은 시간에 문화 콘텐츠를 소비한다는 뜻. 시간과 장소에 구애받지 않고 즐길 수 있는 스낵처럼 출퇴근 시간이나 점심시간 등 짧은 시간에 간편하게 문화생활을 즐기는 문화 트렌드.

모든 것이 짧아졌다. 요즘 사람들은 30분이 넘어가는 영상은 보기 힘들어한다. 짧고 간결해야 한다. 그래, 짧으면 시간도 절약되고 좋다. 하지만 이런 문화가 조급증을 만든다.

오랜만에 어떤 계기로 열정이 솟아나서 어떤 일에 도전하는 사람이 있다고 치자. 그 사람은 책을 읽든 운동을 하든, 무언가를 시작한다. 그런데 결과가 빨리 나타나지 않는다. 빠르게, 큰 결과를 기대하지만 결과가 나타나지 않자 쉽게 포기하기에 이른다.

모든 성공에는 반드시 역경과 고통이 따른다. 고통 없이 이루어지는 성공은 절대 없다. 고통은 곧 시간이다. 시간을 견디는 힘, 단계와 절차를 이해하는 정신이 있어야 한다.

모든 자연계의 생물은 시간을 거치며 성장한다. 성공도 마찬가지고, 돈도 마찬가지다. 성장통과 시간을 견딜 수 있는 힘이 있어야 한다. 그런데 요즘 사람들은 5분짜리, 10분짜리 호흡에 익숙하고, 그것마저 길어 1분이라는 짧은 호흡에 익숙해지고 있다.

성공의 호흡은 5년에서 15년이다. 이걸 반드시 알아야 한다. 도전하고 성과를 얻기까지 최소한 5년이다. 이 호흡을 몸에 익히지 못하면 절대 성공의 열매를 얻을 수 없다.

사람들은 출퇴근 시간이나 점심시간처럼 짧은 시간을 보내기 위해 이런 게임을 즐긴다고 한다. 짧은 시간. 이 시간에 대해 파스칼은 『팡세』에서 이렇게 말했다. "나는 인간의 모든 불행은 단 한 가지 사실, 즉 그가 방안에 조용히 머물러 있을 줄 모른다는 사실에서 유래한다고 종종 말하곤 했다."

5~15분의 자투리 시간은 바쁜 현대인에게 더없이 귀한 시간이다. 이 시간에 멍하니 핸드폰을 켜고 게임을 할 게 아니라 진지하게 사유하는 시간을 가져야 이긴다. 도덕 선생 같고 꼰대 같은 말이지만, 이것

이 세상의 진리다. 멍하니 5~15분 동안 핸드폰을 쥐고 있으면 게임 속 캐릭터는 성장하고 아이템 부자도 되겠지만, 현실 속 당신의 삶은 점점 후퇴하고 부자로부터 멀어진다. 그렇게 하루하루를 보내다 어느 날 나이 든 자신을 발견하고 그땐 아무것도 없이 늙어버린 당신의 모습에 충격을 받아 진짜 멍해지는 순간을 맞이한다.

몸이 가볍고 부지런해야 한다. 움직여야 한다. 우리는 문명이 발전할수록 움직이지 않는다. 움직일 필요가 없어졌기 때문이다. 모든 걸 기계가 알아서 대신해주는 시대니까. 그러니 일부러라도 움직여야 한다. 자신의 의지로 몸을 움직여야 한다.

게임 속 캐릭터가 성장할수록 당신의 몸무게도 무거워진다. 게임 속 캐릭터는 멋있는 아이템을 얻겠지만 당신은 무서운 병을 얻는다. 출퇴근 시간 혹은 점심시간에 가까운 자연을 보자. 10분 동안 하늘을 보고 나무를 보고 세상을 보자. 지금 당장 책을 덮고 하늘을 쳐다보자. 인간은 하늘을 올려다보면 저절로 생각을 하게 마련이다. 나도 잠깐 글쓰기를 멈추고 욕지도 푸른 하늘을 보겠다.

돌아왔다. 10분 동안 하늘을 보며 앉아 있었다. 하늘을 보니 내가 지금 여기에 왜 앉아 있나? 생각이 든다. 나는 글을 쓰기 위해 여기 욕지도에 왔다.

지난밤 이효석의 『메밀꽃 필 무렵』을 읽었다. 한 문장 한 문장이 아름다워 계속해 읽기를 멈추었던 책이다.

＼ 장에서 장으로 가는 길의 아름다운 강산이 그대로 그에게는 그리운 고향이었다. … 『메밀꽃 필 무렵』 209쪽

＼ 산허리는 온통 모밀밭이어서 피기 시작한 꽃이 소금을 뿌린 듯이 흐뭇한 달빛에 숨이 막힐 지경이다. 붉은 대궁이 향기같이 애잔하고 나귀들의 걸음도 시원하다. … 『메밀꽃 필 무렵』 211쪽

이런 문장들을 읽으며 행복했다. 글을 쓰기 위해 읽기 시작했지만, 어느새 글쓰기는 잊어버리고 문장의 아름다움에 빠져 순간순간 행복감에 젖어들었다.

물론 게임에 빠져 있을 때도 행복할 수 있다. 하지만 그다음 순간이 천지 차이다. 게임 후에 오는 몸과 정신의 불쾌감을 모두 알 것이다. 독서 후, 특히 저런 아름다운 문장을 읽은 후에는 몸은 가뿐해지고 가슴은 충만해졌음이 느껴진다. 저런 문장들이 쌓여 내 몸속에 역량이라는 아이템이 만들어진다. 그 역량이라는 아이템만 있으면 세상 어디에서든 부(富)를 쌓을 수 있다. 어떤 어려움도 모두 이길 수 있다. 그야말로

최강의 아이템을 얻는 것이다. 얼마나 좋은가! 지금 이 순간도 아름다운 문장으로 행복한데, 삶에서 쓸 강력한 아이템까지 얻을 수 있다니!

하루 10분이면 충분하다. '생각하는 시간'을 딱 한 번만 가져보자. 세상을 이길 수 있는 아이템을 얻고 싶지 않은가? 10분이면 충분하다.

'피해자'가 아닌

'모험가'의 눈으로

"고이병, 너 문선대로 올래?"

"네, 가겠습니다."

0.1초 만에 결정하고 대답했다. 내가 대전 32사단에서 단기사병으로 복무하고 있을 때, 전화가 걸려 왔다. 홍석천 상병이었다. 맞다. 지금의 방송인 홍석천이다. 이때의 대답이 내가 개그맨이 되는 결정적인 결정이 되었다.

그 결정 덕분에 나는 남은 복무 기간 동안 문선대(문화선전대)에서 꽁트 파트를 맡았고, 개그를 배우고 익혔다. 사실 문선대에 가겠다고 결정했을 땐, 내가 개그를 배우게 되리라고는 꿈에도 생각하지 못했다. 그때까지 내 꿈은 대학로 연극 무대에서 〈햄릿〉을 연기하는 배우가 되는 것이었다. 내가 조금 웃기다는 건 알고 있었지만 개그맨이 될 정도는 아니라 여겼다. 하지만 문선대 공연을 할 때마다 수천 명의 장병들이 내 개그에 소위 '빵빵' 터졌다.

5월에 군 복무를 마치고 그해 가을에 홍석천 형과 듀엣으로 MBC 개그맨 시험에 응시했는데, 서류 심사에서 탈락했다. 이해가 되지 않았다. 당시 우리나라에 연극영화학과가 있는 대학교는 6개뿐이었다. 홍석천 형은 한양대 연극영화학과에, 나는 단국대 연극영화학과에 재학 중이었기 때문에 서류 심사 정도는 쉽게 통과할 수 있을 거라 예상했다.

"왜 저희가 서류 심사에서 떨어졌나요?"

"이번 기수는 얼굴 중심으로, 그러니까 잘생긴 개그맨을 선발할 계획입니다."

"아니, 그러면 미리 말을 해주셨어야죠."

"죄송합니다……."

우린 더 이상 할 말이 없었다. 얼굴 보고 뽑는다는데 어쩔 수가 없었다. 그리고 다음 해 2월에 나는 혼자 KBS 대학개그제에 응시해 금상을 받으며 개그맨으로 데뷔했다. 이 모든 일이 홍석천 형이 전화를 걸었고, 내가 0.1초 만에 결정해서 이뤄진 결과다.

가만히 생각해보자. 우리가 무언가를 결정할 때 그 결정이 어떤 결과를 불러올지 예상은 하지만 100퍼센트 정확하게 알 수는 없다. 사람들은 이런 불확실성에 두려움을 느낀다. '혹시 잘못되면 어떡하지?' 하고. 맞다. 잘못될 수 있다. 하지만 잘못된 것이 영원히 나쁜 결과를 가져오는 건 아니다.

내가 겪은 교통사고는 내 인생에서 가장 큰 고통이었다. 하지만 시간이 지나고 나니 인생 최고의 축복으로 작용했다. 교통사고를 계기로 책을 알게 됐고, 책을 통해 원하는 모든 것을 이루는 삶을 살고 있다. 전화위복, 새옹지마 이런 말을 괜히 하는 게 아니다. 내가 내린 결정 때문에 당장 안 좋은 결과가 발생하더라도 최종적으론 행복한 결과를 만들 수 있다는 말이다.

파울로 코엘료의 소설 『연금술사』의 주인공 산티아고는 보물을 찾기 위해 양치기를 그만두고 떠나기로 결정한다. 하지만 결심 이후 첫 번째로 일어난 일이 목숨보다 소중한 양들을 판 돈을 몽땅 도둑맞은 일이었다.

성공한 사람들의 책을 읽어보면 결정한 후 초기에는 주로 고통스러운 일이 일어난다. 그 시점이 제일 중요하다. 성공한 사람들은 그때 포기하지 않는다. 고통스럽고 좌절스럽지만 산티아고처럼 긍정적인 마음으로 다음 단계로 나아간다. 피해자의 눈이 아닌 모험가의 눈으로 가겠다면서.

실패할 수 있다. 너무 힘들어 잠시 주저앉을 수 있다. 하지만 절대 등을 돌리고 달아나면 안 된다. 등을 돌리고 달아나는 순간 '결정하고 실패하는 과정을 통해서 배우게 될 세상의 비밀'이 연기처럼 날아가버린다.

자주 결정하고 다음 단계로 계속 나아가자. 내 경우 문선대로 가겠다는 결정 하나가 수많은 갈래의 가능성을 열어주었다. 영어를 배우겠다 결정하고 실행에 옮겨보라. 영어를 배운 후에 어떤 일이 일어날지 당신이 상상하는 모습이 있으리라. 하지만 막상 실행을 시작하면 당신이 전혀 생각하지 못한 수많은 일들이 함께 일어난다. 우리는 그 속에서 기회를 잡을 수 있다. 영어를 배우기로 결정하지 않으면 이런 가능성은 절대 일어나지 않는다.

지금 수백만 명의 팔로워를 보유한 요리 유튜버들은 대부분 처음부터 크리에이터가 되려고 요리를 배우지는 않았을 것이다. 주로 음식점을 차려 돈을 벌기 위해 요리를 배우고 자격증을 땄을 것이다. 하지만 전혀 생각지도 못한 크리에이터가 되어 음식점에서 버는 돈보다 훨씬 많은 돈을 번다. 얼마나 재밌는가!

『연금술사』 속 주인공 산티아고는 '결정이란 단지 시작일 뿐'이라 말했다. 결정은 시작일 뿐이다. 그리고 결정을 내리면 세차게 몰아치는 물줄기에 올라탄다. 이 물줄기는 어디로 어떻게 흘러갈지 모른다. 그래서 결정했을 땐 상상도 못 해본 곳으로 도달하기도 한다. 얼마나 재미있는가!

결정은 인생을 재밌게 만드는 행위다. 영화의 결말을 뻔히 알고 있으면 그 영화가 얼마나 재미없는가. 내 인생을 더 재밌게 만들기 위해 더 많이 결정하고 행동으로 옮겨야 한다.

이 중 가장 많은 갈래의 길을 만들어주는 게 바로 독서다. 내가 책을 읽기로 결정을 내렸을 때 요식업 대표, 강사는 어느 정도 예측할 수 있었다. 그런데 나 자신이 책을 쓰는 작가가 될 줄은 꿈에도 몰랐다. 특히 해외로 작품을 수출하는 작가가 된 건 내가 100미터 달리기에서 우사인 볼트를 이기고 금메달을 따는 것만큼 상상조차 할 수 없었던 일이다. 얼마나 신나고 재밌는가!

일단 결정을 내려놓고 어떤 일이 벌어지나 지켜보는 게 너무 재밌다. 그리고 고통이 고통이 아니고 불행이 불행이 아니라는 사실을 알고 나니 결정하고 실행하는 데 아무런 두려움이 없다.

결정하고 일단 실행하라. 고통이 찾아올 것이다. 일단은 견뎌라. 포기하지만 마라. 자꾸 견디다보면 이제 즐기는 자신을 발견할 것이다.

그러면 됐다. 그때부터는 두려워 말고 바로 결정하고 바로 실행하라. 그리고 그 결정이 이끄는 대로 따라가라. 그 과정을 즐겨라. 아니 즐기려 하지 않아도 저절로 즐겁다. 이 원리를 깨달은 사람은 인생에서 무서운 게 없어진다. 인생이 지루하지 않다. 지루할 겨를이 없다. 여유가 생기면 또 결정하기 때문이다.

수많은 결정과 실행이 수많은 가능성의 길을 연다. 내가 문선대에 가기로 결정해서 개그맨이 되고, 요식업 대표로 변신 후에 작가가 되고 강사가 된 것처럼, 우리는 결국 자신이 가야 할 길로 가게 된다. 아마 문선대에 가기 전에 원했던 대로 대학로에 가서 연극을 하는 결정을 내렸어도 여러 단계를 거쳐 결국 작가가 되고 강사가 됐을 것이다. 왜냐면 이게 내 모습이기 때문이다.

많은 사람이 진짜 자기 모습 찾기를 중간에 포기해서 그렇지, 끝까지 찾아간 사람들은 결국 자기가 태어난 이유인 그 모습으로 살아가게 된다. 그게 우주의 법칙이고 파울로 코엘료가 전하려는 메시지다.

『연금술사』에 관한 글을 쓰려고 결정했을 때 문선대 얘기는 전혀 계획에 없었다. 그런데 첫 줄을 쓰기 시작하자 바로 홍석천 형의 목소리 "고이병, 너 문선대로 올래?"가 들려왔다. 그다음부터는 내 안에서 들려오는 얘기를 받아 적기만 했다.

얼마나 즐거운 일인가! 결정하고 실행하라. 그리고 자기 안에서 들려오는 목소리에 귀를 기울여라. 그게 전부다.

고전을 실생활에
적용하는 방법

　수원에서 강의를 마치고 대구로 내려가는 길에 오산휴게소에 들렀다. 음식을 주문하고 여기저기 둘러보다 책이 진열돼 있길래 반가운 마음에 달려갔다. 요즘은 휴게소에서 책을 판매하는 곳이 많지 않다. 이런저런 책을 둘러보다 데일 카네기의 『데일 카네기 인간 관계론』을 집어 들었다.

　사실 집에 이미 두 권이나 있는 책이었다. 게다가 대구와 부산을 돌며 며칠간 강의하는 일정이었고, 중간중간 글을 쓰려고 이미 차 트렁크에 책을 잔뜩 실어둔 상황이었다. 책을 살 마음이 전혀 없이 그냥 훑어보고 있는데 연금술사의 목소리가 내 안에서 들렸다.

'책이 부르면 따라가!'

그렇게 데일 카네기의 책을 한 번 더 구입하고 이 글을 쓴다.

대구에 도착해 그 책을 읽다가 영업과 관련된 문장이 있어서 멈췄다. 계약을 성사시켜야 하거나 제품을 팔아야 하거나 고객을 설득해야 할 때, 상대가 처음에 "네, 그렇죠"라고 말하게 해야 한다는 대목이었다. "아니요"보다는 "네"라는 말이 나오게 만들면 성공 확률이 높아진다고.

이 점을 강의에 적용해보기로 마음먹는다. 내일 강의하는 곳은 미용 브랜드를 기반으로 하는 토탈 뷰티 회사다. 마침 어제 서울에서 미용실에도 다녀왔다. 어제 그 미용실에 머무는 동안 내 입에서 나왔던 말들을 떠올려본다.

"더 헹구고 싶은 데 있으세요?"

"아니요."

"커피 드릴까요?"

"아니요." (난 미용실 가는 길에 이미 커피를 마셨다.)

"머리 말리고 스타일링해드릴까요?"

"아니요." (욕지도에서 올라오는 길에 들른 터라 피곤해서 빨리 집에 가서 자고 싶었다.)

와, 내가 세 번이나 "아니요"를 외치고 미용실을 나왔구나. 그렇다면 내 입에서 "네"라는 대답이 나오게 하려면 어떻게 말하면 될까 가늠해본다. 간단하다. 질문을 살짝 바꾸면 된다.

"충분히 헹궜는데 이 정도면 괜찮으실까요?"
"네."
"마실 거 필요하시면 말씀해주세요."
"네."
"스타일링 필요하시면 말씀해주세요."
"네."
(마지막에 미용실을 나올 때) "머리에 문제 생기면 언제든지 연락 주세요."
"네."

질문만 살짝 바꾸면 얼마든지 "네"라는 대답을 이끌어낼 수 있다.
술집에선 손님에게 "한 잔 더 드릴까요?"라고 말을 걸기보다는 "한 잔 더 드실 거면 말씀해주세요"라고 하면 무조건 "네"라고 대답한다. 옷 구경을 하는 손님에게 "이 옷 드릴까요?"라고 말 걸기보다는 "원하시는 옷 있으면 말씀해주세요"라고 하면 무조건 "네"라고 답한다. "원색이 잘 안 어울리시죠?"보다는 "원색이 잘 안 어울린다는 말을 많이 들으시죠?"라고 묻는 게 "네"라고 대답할 확률을 훨씬 높일 수 있다. 내가 직접 평가하는 것보다 다른 사람들의 입을 빌려서 물으면 더 좋다. 사람들은 상대방이 바로 눈앞에서 자신을 평가하는 것을 좋아하지 않으니까.

상대방에게 "네"라는 대답을 끌어낼 수 있는 능력은 엄청난 힘이다. 세상의 수많은 남성이 프러포즈할 때 여성에게 "네"라는 대답을 이끌어내기 위해 얼마나 노력하는가. "네"라는 답을 끌어내는 건 어려우면서도 쉽다. 연습하면 된다. 습관적으로 내가 상대방의 입장이 되어 생각하는 훈련을 하라. 질문을 던지기 전에 머릿속에서 먼저 시뮬레이션해보라. 자신에게 질문을 던져보면 알 수 있다.

고전을 읽고 실생활에 적용할 수 있는 또 하나의 유익한 점은 이름 짓기다. 고전에는 압축된 문장들이 많이 등장한다.

"진리에 이르는 길은 의도를 갖지 않는 것이다." 이 문장 하나에 얼마나 많은 해석이 존재하는가. 예를 들면 이런 거다. 첫째, 부자가 되기 위해 돈을 좇지 않는다. 둘째, 모든 스포츠에서 힘을 빼라는 말이 바로 의도를 갖지 말라는 말이다. 상대를 이기겠다는 의도를 가지면 몸이 긴장하고 오히려 경기에 방해가 된다. 셋째, 배우가 연기를 잘하려는 의도를 가지고 있으면 오히려 연기에 방해가 된다.

이렇게 고전을 읽고 압축을 풀 수 있는 능력이 생기면, 반대로 압축할 수 있는 능력도 생긴다. 압축을 할 수 있다는 건, 책 한 권을 한 단어로 만들 수 있다는 말이다. 내가 하고 싶은 사업을 한 단어로 만들 수 있다. 그 한 단어가 회사 이름이 되고 제품 이름이 된다.

요즘 내 최고의 관심사가 이름 짓기다. 얼마 전에 '칼몬드'라는 제품을 먹었다. 멸치와 아몬드로 만든 상품이다. 먹으면서 이름을 참 잘 지었구나 싶었다.

칼몬드를 만든 사람들이 모여 앉아 이름을 짓고 있는 모습을 상상해봤다. 멸치와 아몬드의 조합이니 분명히 후보에 '멸몬드', '치몬드'도 있었을 것이다. 하지만 둘 다 어감이 좋지 않다. 그렇다면 아몬드를 앞으로 빼서 '아멸치'도 생각했겠지만 '아'가 무슨 말인지 모를 테니 패스. 아니면 '멸치몬드'? 이 정도 단계가 되면 이제 변형을 시도한다. 멸치가 뼈 건강에 좋으니 '뼈몬드'? 이것도 어감이 좀 그렇다. 그러면 멸치가 칼슘의 제왕이니까 칼슘과 아몬드를 결합해보자. 그렇게 나온 이름이 칼몬드일 것이다.

칼몬드의 '칼'은 뭔지 모르지만 제품 패키지의 멸치 이미지를 보는 순간, 대부분의 사람이 '아, 칼슘!' 하고 떠올린다. 이렇게 공감이 가는 범위 내에서 약간 앞서가는 느낌으로 이름을 지으면 좋다. 너무 멀리 가서 전혀 상관없는, 자기만 알 수 있는 이름을 지으면 안 된다. 멸치는 빼빼 마른 사람 느낌이 드니까 '빼몬드', '말몬드'라든가 아니면 멸치는 영양이 풍부하니까 '풍몬드' 같은 식으로 너무 멀리 가면 안 된다는 말이다. 앞서 가되 고객이 공감하고 이해할 수 있는 범위 내에서 앞서가야 한다.

이런 상상으로 즐거운 시간을 보내는데, 어느 독자분이 네일숍 창업을 준비 중인데 이름을 지어줄 수 있냐고 물어보셨다. 그래서 '손TOP발TOP'이라고 지어드렸다. 그분이 실제로 이 이름으로 가게를 열었는지는 모르겠다. (혹시 아직 상표등록이 안 되어 있다면 이 책을 읽는 분 중 마음에 들어하는 분께 선물로 드리겠습니다.)

이름 짓기 놀이는 너무 재밌고 아주 유용한 기술이다. 틈만 나면 이름 짓기 놀이를 해보자. 길을 걷다 보이는 수많은 간판을 보며 나만의 방식으로 살짝 비틀어보자. 이름 짓기 놀이를 하면 기본적으로 웃음이 난다. 통영 거북선 호텔에서 칼몬드를 먹으며 혼자서 멸몬드? 치몬드? 뼈몬드? 하면서 웃었다. 내가 생각하고 내가 웃는다. 그러다가 '손TOP발TOP' 같은 마음에 드는 이름을 지으면 웃음이 싹 사라지고 진지해진다. 웃음이 사라지고 진지해지면 좋은 이름을 지었다고 생각하면 된다.

잠시 후, 미용 관련 회사에 강의하러 간다. 가기 전에 미용실 이름을 하나 지어본다. 우리가 미용하면 '헤어'라는 말을 많이 쓰는데 '헤어'를 가지고 비틀고 변형시켜본다. 헤어지기? 등대지기처럼 머리를 지켜준다는 뜻인데 어감이 좋지 않다. 헤어, 헤어, 뭐가 있을까? 아! 헤어진다는 뜻이 있구나. 헤어진 후? 헤어진 후에 기분 전환 겸 머리하러 오라는 뜻인데 너무 슬프다. 그러다 웃음이 싹 사라진다. Hairzilliga. 그래 이거다. '헤어질 리가'. 영어 글씨도 멋있고 뜻도 좋다. 여기서 머리를 하면 너무 예쁘고 멋있어서 헤어질 리가 없다! 지금 다시 써보니 웃음이 약간 나는데…… 흠……흠…… 나도 매번 성공하진 못한다.

하지만 계속 연습하다보면 엄청난 창작 능력을 갖게 될 것이다. 독자 여러분도 지금 당장 이름 짓기 놀이를 해보라. 자기만의 비틀기, 자신만의 창작 방법을 만들어라.

꾸준히 연습하고 주변 사람들에게 본인이 지은 이름을 들려줘라. 창피하고 비난 받아도 참아야 한다. 누가 뭐라고 해도 뻔뻔하게 이름을 계속 지어라. 견디는 힘이 중요하다. 그리고 계속 도전하라. 어느 날, 당신이 만든 이름을 듣고 모든 사람이 웃지 않는 순간이 온다. 그 순간, 당신은 세상을 창조하는 힘을 가진 것이다. 고전을 읽고 실생활에 적용하라.

밖으로 나가면

반드시 무언가를 얻는다

아테네와 스파르타가 싸운 전쟁을 기록한 『펠로폰네소스 전쟁사』. 이 책은 800쪽에 달하는 어마어마한 책이지만 내가 좋아하는 책 중 하나다.

이 책을 쓴 투퀴디데스는 기원전 460년경 살았다. 무려 2400년 전에 살았던 사람이 하는 말인데도 마치 지금의 나에게 하는 조언처럼 느껴진다. 투퀴디데스는 후대 사람들에게 알려주고 싶은 게 있어서 전쟁사를 기록했을 것이다. 그게 무엇이었을까?

바로 '반복될 미래사'다. 인간의 행동은 계속 반복된다는 사실을 투퀴디데스는 2400년 전에 이미 알고 있었던 것이다.

우리는 수천 년 전 인간의 행동을 통해 미래를 예측할 수 있다. 역사 속에 기록된 인간이 어떤 사건이 닥쳤을 때 어떻게 행동했는가를 앎으로써 현재에 대한 해답을 찾고 미래까지 대비할 수 있다.

'주식' 하면 일인자로 생각나는 투자가 워런 버핏은 "나는 인문학을 통해 주가를 예측한다"고 말한다. 인문학을 통해 사람들이 앞으로 어떤 주식을 살 것인지, 어떤 기업의 주가가 오를 것인지 예측할 수 있다는 말이다. 이런 능력을 갖춘다면 얼마나 좋겠는가? 돈을 벌고 싶은 만큼 벌 수 있는 능력이다.

내가 요즘 『펠로폰네소스 전쟁사』를 다시 읽는 이유는 러시아-우크라이나 전쟁의 영향으로 세상이 어떻게 변할지 예측하기 위함이다. 수천 년, 수백 년 전의 전쟁을 살펴보면서 전쟁 중이나 전쟁 후 사람들이 움직였던 방향을 알면 현재 사람들이 앞으로 움직일 방향을 알 수 있다. 그리고 사람들의 움직이는 방향을 안다는 것은 부동산, 주식, 상품 판매의 흐름을 예측하고 돈을 벌 수 있다는 말이기도 하다.

혹자가 "당신은 돈 때문에 책을 읽습니까?"라고 묻는다면, "제발 돈 때문에라도 책을 읽으세요."라고 답하겠다. 물론 독서에는 그보다 좋은 점이 훨씬 많다. 독서가 돈을 벌기 위한 수단이 아니라 책 자체가 목적이 된다면 그 사람의 인생은 완성된 것이다. 무언가를 얻기 위해 책을 읽는 게 아니라 독서하는 시간 자체가 가장 행복하다면 그 사람은 세상에서 가장 위대한 힘을 가진 것이다. 하지만 그 단계에 도달하기까지는 고통이 따른다. 돈을 벌겠다는 목표도 좋으니 그렇게 시작하면 된다. 그러면 내가 말한 그 단계에 도달할 수 있다.

감히 얘기하는데 독서는 인간이 느낄 수 있는 가장 고급스러운 쾌락이다. 욕심이 사라지고 사랑이 충만해진다. 읽던 책의 한 문장을 가슴에 품고 눈을 감는다. 비유와 상징, 은유로 압축된 문장이 '나'라는 압축 해제 파일을 통해 가슴속에 알알이 다운로드된다. 그 문장들은 심장을 뜨겁게 만들어 뒤집히게 하고, 한 사람을 완전히 다른 사람으로 만든다.

그 순간 나에게는 시간마저 압축하는 힘이 생긴다. 그래서 24시간을 48시간처럼 산다. 연기를 하고, 메밀국수 사업을 하고, 책을 쓰고, 강연하고, 아카데미를 운영하는 등 많은 일을 하지만 나는 늘 여유롭다. 한 번도 시간에 쫓긴다는 느낌을 받은 적이 없다. 이런 능력은 아무리 많은 돈을 준다 해도 살 수 없다. 오로지 책을 읽고 스스로 깨달음으로써 자신 안에 역량으로 쌓이는 것이다. 역량이 쌓인 사람은 빈손으로 지구 어딜 가도 거기서 부(富)를 일으킬 수 있다. 얼마나 멋진가!

『펠로폰네소스 전쟁사』를 읽다보면 코린토스인들이 자신이 살고 있는 나라보다 왜 주변국이 더 강한지 대중에게 설명하는 장면이 나온다. 그 말이 날카롭다. 우리는 주춤거리지만, 그들은 주저하지 않는다고. 우리는 집을 비우고 나가면 가진 것을 잃게 될까 걱정하지만, 그들은 밖으로 나가면 무언가를 얻을 것이라 믿는다고.

마치 지금의 우리에게 하는 말 같지 않은가. 2400년 전에도 인간 행동의 핵심은 '실행'이다. 이런 글을 읽다보면 깨닫는다. '아, 실패하더라도 실행에 옮기는 게 무조건 유익하구나.'

이 책을 읽고 또 심장이 뒤집힌 나는 행동하지 않을 수 없다. 결과는 신경 쓰지 않는다. 당연히 좋을 거라는 믿음이 생긴다. 미래에 대한 두려움은 완전히 사라지고 현재의 행복감으로 충만해진다.

깨달은 자는 가만히 있지 못한다. 그동안 움직이지 않던 몸이 절로 움직여진다. 이것이 책의 힘이다. 그저 '오늘 당장 실행해야지'하고 마음만 먹는다고 행동에 옮겨지지 않는다. 여러분도 경험해봤을 것이다. 심장이 뒤집히지 않으면 절대 꾸준한 실행으로 이어지지 않는다. 2400년 전에 살았던 사람들이 그들의 경험을 통해 우리에게 알려준다. 머뭇거리지 말라고. 늑장 부리지 말라고. 움직이지 않으면 무조건 손해라고.

그래서 투퀴디데스는 위대한 역사가로 칭송받는 것이다. 투퀴디데스는 자신의 이익을 위해 『펠로폰네소스 전쟁사』를 쓴 것이 아니라 후대 사람들을 이롭게 하기 위해 남은 생애를 바쳐 역사를 기록했다. 책을 읽으면 느껴진다. 만약 타인을 위해 역사를 기록하지 않고 오로지 자기 출세를 위해 글을 썼다면 2400년이 지난 지금 이미 투퀴디데스의 이름은 잊히고 말았을 것이다. 이것이 인간 역사의 진리다.

역사는 결국 돌고 돈다. 고전을 읽으며 과거를 생생하게 떠올릴 수 있는 사람은 앞으로 다가올 미래 역시 정확하게 떠올릴 수 있다. 고전은 미래의 답안지다.

이겨놓고 싸우는

가장 확실한 전략

사업도 장사도 세상과의 싸움이다. 싸움에서 이기려면 상대보다 뛰어나야 한다. 손무가 쓴 고대 중국의 병법서 『손자병법』에는 상대와의 실력을 비교하는 정확한 계산법이 들어 있다. 바로 도(道), 천(天), 지(地), 장(將), 법(法)이다.

이걸 알면 이겨놓고 싸울 수 있다. 지금의 메밀국수 집을 창업하기 이전에 나는 네 번의 사업을 했고 네 번 다 망했다. 그때는 기준이고 뭐고 없었다. 그냥 열심히만 싸웠다. 사람들이 말하는 것처럼 열심히 하면 무조건 성공할 거라 믿었다. 전쟁할 때 불리한 조건에서는 아무리 열심히 싸워도 진다는 사실을 몰랐다.

경영학의 아버지라 불리는 미국의 경영학자 피터 드러커는 이렇게 말했다. "하지 말아야 할 것을 효율적으로 하는 것보다 더 비생산적인 것은 없다."

속도보다 방향이 중요하다는 말이다. 안 되는 방향으로, 잘못된 방향으로, 싸움에 지는 방향으로는 아무리 열심히 뛰어봤자 소용없다. 아니 열심히 할수록 더 빨리 망한다. 그만큼 방향이 중요하다.

맨 처음 식당을 차렸을 땐 오로지 싼 식재료만 찾아다녔다. 원재료 가격을 무조건 낮추는 게 좋은 전략이라는 생각뿐이었기 때문이다. 내가 잘못하고 있음을 전혀 몰랐다. 모르니, 싸움에서 질 수밖에 없다. 그렇게 네 번의 사업을 모두 실패했다.

네 번을 세상에 지고 나니 이기고 싶었다. 무작정 서점에서 가서 싸움에서 이기는 기술을 가르쳐주는 책을 찾았다. 그때 발견한 책이 『손자병법』이다. 물론 전에도 제목은 익히 들어봤던 책이지만, 단지 옛날에 전쟁할 때 써먹던 구닥다리 기술이라고 생각했다. 고전의 힘을 몰랐던 탓이다.

'그래도 혹시?' 하고 펼쳐보았다가 100페이지도 채 읽기 전에 싸움에서 이기는 기술을 알아버렸다. 그 기술이 바로 도, 천, 지, 장, 법이다. 이 방법을 자기 자신과 사업에 잘 적용할 수만 있다면 백전백승의 승률을 올릴 수 있다.

첫째, 도(道)는 명분이다. 도의 핵심은 내가 아니라 '남'이다. 내 돈과 내 행복만을 위해서 싸우면 반드시 진다. 방향이 잘못된 것이다. 진정한 도는 남을 위하는 방향으로 나아가야 한다. 먼저 고객의 이야기를 듣는 귀가 있어야 한다.

사업을 시작한다는 것은 자기가 모르는 땅에 가서 전쟁하는 것과 같다. 그 동네에 원래 살고 있던 토박이가 저쪽으로 가면 낭떠러지가 나오니 돌아가라고 하는데 오직 자신의 신념에만 가득 차 직진한다면 낭떠러지로 떨어질 수밖에 없다.

다음으로 고객에게 반드시 이익이 되는 전쟁을 해야 한다. 왕이 자기 이익만 위해서 전쟁한다면 반드시 패한다. 백성에게 이익이 돌아가야 사람들이 왕을 따르게 되지, 내 이익만을 위해서 싸우는 왕은 늘 배신, 배반의 두려움을 안고 자신이 언제 죽을지도 모른다는 고통 속에서 하루하루를 산다. 자신의 이익만 챙기고 있으니 당연한 결과다. 도의 핵심은 남을 먼저 이롭게 하면 돈은 저절로 따라 오는 선순환을 만드는 것이다.

둘째, 천(天)은 시간이다. 전쟁해야 할 완벽한 타이밍을 알아야 한다. 서두르지 않아야 한다는 뜻이다.

준비가 되지 않았다면 싸우지 말아야 한다. 하지만 서두르지 않기란 정말 어렵다. 나 역시 과거에 식당 창업을 준비하다가 공간 월세가

지출되기 시작하자 조급한 마음에 준비가 되지 않은 음식을 팔기 시작했다. 부족한 줄 알면서도 혹시 잘될 수도 있겠다는 요행과, 월세라는 비용에 대한 조급함 때문에 예상했던 시점보다 빨리 오픈해버렸다. 당연히 결과는 좋지 않았다.

스스로 느끼기에도 준비가 안 된 상태에서 요행을 바라고 싸우면 질 수밖에 없다. 세상은 그렇게 호락호락하지 않다. 차라리 두 달 치 월세를 날리더라도 철저하게 준비하는 편이 더 나았다. 서두르면 투자금 전체를 날리게 된다.

천의 핵심은 속도다. 당신의 속도는 얼마인가? 당신은 황새인가, 말인가, 거북인가, 달팽인가? 남과 비교하지 말고 자신의 속도를 알아내는 것이 중요하다.

셋째, 지(地)는 공간이다. 지의 핵심은 '어디서 싸울까'다. 자기가 잘 알고 있는 곳에서 싸워야 이긴다. 당신은 얼마나 많은 공간을 알고 있는가? 그리고 어떤 공간을 얼마나 장악하고 있는가? 여기서 특히 주목할 공간은 디지털 가상 공간이다.

이 글을 쓰는 2024년 1월, 비트코인이 현물 ETF로 승인되었다. 세상은 빠르게 변하고 있다. 이제 가상 공간에서 더 많은 거래가 이루어질 것이다. 아마도 미래의 나는 현실 공간에서의 경험을 콘텐츠로 만들어 가상 공간에서 판매해서 수익을 얻을 것이다.

이젠 반드시 두 공간을 모두 지배할 수 있어야 한다. 할 수 있다. 디지털 가상 공간에 내 땅을 만들겠다고 작정하고 책을 읽으면 된다. 단, 웹 3.0 관련 책만 읽어서는 가상 공간의 땅을 점령할 수 없다. 땅을 확보하는 기술은 배울 수 있지만 콘텐츠를 만드는 창의력은 결국 고전을 통해서 얻어야 한다. 두 가지 땅을 모두 얻듯이 두 가지 분야의 책을 동시에 읽어야 한다.

넷째, 장(將)은 사람이다. 사람을 볼 수 있는 눈과, 자신이 다른 사람에게 마땅하게 보일 수 있는 마음을 가져야 한다.

내가 다른 사람에게 보이는 모습을 위해서는 '허풍'보다는 '비밀'이 좋다. 우리는 말할 때 정확하게 진실만 얘기하지 않는다. 과장을 섞어 허풍을 떨거나 세력을 숨기고 비밀스럽게 말하거나 둘 중 하나다. 허풍은 실망을 낳는다. 상대방은 잔뜩 기대하고 있다가 허풍의 거품이 걷히고 나면 나에 대해 실망감만 가질 뿐이다. 하지만 비밀은 의외의 만족을 낳는다.

너무 겸손하게 자기가 가진 능력보다 축소해서 말하라는 게 아니다. 허풍 없이 어느 정도 진실에 가깝게 자신의 능력치를 얘기하고, 동시에 상대방을 처음 만났을 때보다 시간이 지날수록 능력을 비밀리에 키우라는 말이다. 그렇게 비밀리에 능력을 키우다보면 어느 순간 내 힘이 빛을 발하고 상대방은 나에게 감동한다.

동시에 우리는 이런 사람을 볼 수 있어야 한다. 항상 성장하는 사람을 찾아 함께해야 한다. 방법은 아주 간단하다. 내가 계속 성장하면 된다. 내가 멈춰 있다면 성장하는 사람이 눈에 보이지는 않는다. 성장하는 사람들 옆에는 그런 사람들이 모인다. 고로 사람을 찾아다니는 게 아니라 사람을 내 옆으로 끌어들일 수 있어야 한다. 현대 전쟁에서 가장 필요한 부분이다.

다섯째, 법(法)은 나 자신에게 하는 약속이다. 『손자병법』에서 법은 엄격해야 한다고 말한다. 자기 자신에게 가장 엄격해야 한다. 봐주면 안 된다. 나를 다스리는 '나'가 무서워야 한다.

공교롭게도 이 글을 쓰고 있는 2024년 1월 16일이 내가 아침 긍정 확언을 외친 지 777일째 되는 날이다. 돌이켜보면 나는 '나'를 실망시키지 않기 위해 777일 동안 하루도 빠짐없이 긍정 확언을 외쳤다. 내가 스스로 엄격하게 나와 약속한 법을 지켜나가자 엄청난 일들이 생겨났다. 300일 정도 지나자 뭘 해도 성공한다는 확고한 믿음이 생겼고, 400일 정도 지나면서 드디어 나만의 스타일이 만들어졌다.

자기만의 스타일은 가만히 앉아서 생각한다고 찾아지는 게 아니다. 300일 넘게 꾸준하게 나와의 약속을 지켜나가면 저절로 스타일이 만들어진다. 화가 피카소는 91년의 생애 중 80년을 미술 창작에 몸을 바쳤고 소묘, 회화, 도자기, 조각 등 총 5만 점이 넘는 작품을 만들었다.

피카소도 초창기에는 남들과 비슷한 스타일의 그림을 그렸다. 하지만 수천수만 장의 그림을 그리다보니 자연스럽게 자신만의 스타일이 생겼고, 그게 바로 입체주의(큐비즘)의 탄생이었다.

무언가를 시작하기로 법을 세웠으면 꾸준히 지켜나가라. 처음엔 반대에 부딪히고 조롱도 받을 것이다. 나 역시 긍정 확언 영상을 만들고 100일 전후에 만나는 사람들이 "닭살 돋게 왜 매일 아침 그런 이상한 영상을 올리냐?"고 비웃듯 말했다. 하지만 지금은 아무도 그런 말을 하지 않는다. 이 책이 출간되는 2024년 8월 26일, 긍정 확언 1,000일이 되는 날에는 모두가 나를 인정해줄 것이다. 이 스타일로 1만 일까지 가기로 결심했다. 앞으로 25년 하고도 100일 더 외칠 수 있다.

힘이 빠지고 우울할 때 도, 천, 지, 장, 법의 잣대로 자신을 점검하라. 그리고 이 다섯 가지 방법으로 전략을 세우라. 이 방법을 깨달은 사람은 항상 이겨놓고 싸울 수 있고, 지시받으려고 기다리는 줄에서 벗어나 지시하며 사는 삶으로 나아갈 수 있다.

사람을 이기는 게 아니다. 세상을 이기는 것이다.

그리고 또 그리면
나만의 스타일이 나온다

모든 사람이 나만의 스타일을 찾고 싶어 한다. 자신만의 독창적인 스타일로 콘텐츠를 만들고 싶어 한다. 그런데 자기 스타일은 머리로만 찾을 수 없다. 몸을 움직여야 한다. 몸을 움직이면 내 안에 잠자고 있던 스타일이 깨어난다.

투수들은 야구공을 수만 번 던져야 자신의 스타일을 찾을 수 있다. 수만 번 던지는 연습을 하다보면 '문득' 그런 생각이 든다. '이번엔 이렇게 던져볼까?' 그렇게 자신만의 독특한 던지는 법을 터득한다. 떡볶이를 만드는 사람이 수만 번 떡볶이를 만들다보면 '문득' 그런 생각을 한다. '물 없이 떡볶이를 만들 수는 없을까?'

한두 번의 반복으로는 절대 이런 생각을 할 수는 없다. 여유가 없기 때문이다. 처음엔 기존의 레시피를 따라가기에도 바쁘다. 하지만 수만 번의 연습 끝에 눈을 감고도 공을 던질 수 있고 떡볶이를 만들 수 있게 되면, 창의적인 생각이 발휘된다.

몸이 레시피를 따라가기 바쁘면 절대 창의적인 생각이 나올 수 없다. 기존의 레시피를 몸으로 완전히 정복하고 여유가 생길 때 창의가 나타난다. 그때가 되면 다르게 던져보고 싶고, 새로운 떡볶이를 만들고 싶어진다. 이런 수만 번의 반복을 몸으로 경험해야 드디어 자기만의 스타일이 안에서 솟아난다.

"물 없이 떡볶이를 만들려면 물을 대신할 수 있는, 액체를 만들 수 있는 뭔가가 필요한데? 그래! 채소는 대부분 물로 이뤄져 있으니까 채소를 이용해보자. 단맛도 있고 시원한 맛을 내는 무를 이용해서 떡볶이를 만들면 되겠다." 이렇게 물 한 방울 없이 무를 이용해서 만든 떡볶이가 부산에서 아주 잘 팔리고 있다.

20세기를 대표하는 미술가, 누가 봐도 '이건 피카소의 그림이야'를 떠올릴 수 있을 만큼 자신만의 스타일을 가진 예술가 피카소. 피카소는 데생 교사의 아들로 태어났다. 그러니 어린 시절부터 얼마나 많은 데생을 했겠는가. 줄리앙과 아그리파 석고상, 사과, 꽃병을 수만 번 그렸을 것이다. 그리고, 그리고, 또 그리다 '문득' 하고 싶어진 게 생겼으리라. 그게 바로 스타일이다. 고민하고 그리고, 또 고민하고 그리다 결국 세상 사람들이 모두 아는 피카소만의 스타일을 찾았다.

아침 긍정 확언도 그렇다. 처음엔 그저 긍정 확언을 반복해서 외치고 찍어서 SNS에 올렸다. 300일이 지날 때쯤 똑같이 아침에 외치고 있는데 '문득' 어제 읽은 책의 문구가 떠올랐다. 그래서 "외쳐보……기전에"를 외치고 어제 읽은 책에 관한 이야기를 했다. 그렇게 매일매일 미니 강연을 하는 나만의 스타일이 생겼고, 덕분에 수만 명의 구독자가 생겨 유튜브에서 수익을 창출하게 되었다.

스타일은 반복하다보면 '문득' 솟아난다. 중요한 건 지금 수천 명이 보는 미니 강연을 미리 계획했던 게 아니라는 점이다. 거기서 수입이 생길 줄은 더더욱 상상도 못 했다. 그냥 내가 좋아서 시작했고 꾸준히 했을 뿐이다. 생각만으로는 절대 도달할 수 없는 세상에 '문득'의 힘으로는 갈 수 있다는 사실을 깨달았다.

우리는 최소한의 생명을 유지할 수 있도록 기본적인 교육을 받는다. 그런데 이 교육의 비중이 너무 커져 '나'는 없어지고 공통적인 '우리'가 살아가는 방식으로 살기 시작한다. 문제는 모두가 같은 방식으로 살아서는 결코 행복해질 수 없다는 데서 온다.

치열하게 고민하고 실행하고 반복해서, 내가 태어난 이유, 나만의 삶, 나만의 스타일을 찾아야 한다. 앞으로 펼쳐질 시대에 가장 필요한 것이 바로 대체 불가한 나만의 스타일이다.

'나만의 스타일'이란 뭘까? 말 그대로 나만 할 수 있는 일이다. 남들이 따라 할 수 없어야 한다. 내가 외치고 있는 아침 긍정 확언이 800일을 넘었다. 나를 따라 하려면 최소한 800일 동안 매일 아침 외쳐야 한다. 800일 정도는 뭐 따라 할 수 있다. 그런데 내가 3,000일, 4,000일을 넘긴다면 쉽게 따라 할 수 없을 것이다. 1만 일을 넘기면 아무도 따라 할 사람이 없을 것이다. 난 그 길을 가고 있다. 시간이 지날수록 늙어가는 게 아니라 오히려 자신감이 차오른다. 아무도 따라 할 수 없는 독보적인 높은 산에 우뚝 서 있는 모습이 그려진다. 자랑스럽다.

피카소는 말했다.

"나는 15세 때 벨라스케스처럼 그림을 그렸다. 어린아이처럼 그림을 그리는 데는 그로부터 80년이 걸렸다."

벨라스케스는 17세기 스페인 바로크를 대표하는 유럽 회화의 중심적인 인물이다. 피카소는 어린 시절에 이 거장의 그림을 따라 그렸다. 당연히 그 시기에 피카소에게 나만의 스타일은 없었다. 하지만 그리고, 또 그리다가 '문득' 자신의 스타일이 떠올랐을 것이다. 그리고 80년 동안 그리고 또 그려서 결국 그 누구도 따라 할 수 없는 피카소만의 스타일을 찾았다. 2023년 파블로 피카소의 그림 〈시계를 찬 여인〉은 뉴욕 소더비 경매에서 1,820억 원에 낙찰됐다.

＼ 그리하여 그는 같은 시기 세잔이 도달했던 것과 비슷한 지점에 세잔과는 전혀 다른 길을 통해서 도달했다. ⋯ 『서양미술사』548쪽

위 문장 속 고흐(그)와 세잔 역시 나만의 스타일을 찾은 화가다. 근대 회화의 아버지로 불리는 폴 세잔, 인상주의 화가 반 고흐의 그림은 딱 봐도 그들의 스타일이 느껴진다.

세잔은 정물을 그리며 형태와 색채 사이에 집중해 자신의 특별한 시도를 넣었고, 고흐는 그림에 감정을 넣기 위해 형태를 왜곡하는 과감한 붓질을 했다. 모두 예부터 내려오는 미술 규범을 타파하려고 하지 않으면서 자기 스타일을 찾아냈다.

무작정 반복만 한다고 능사가 아니다. 그냥 반복만 하면 남들하고 똑같을 뿐. 수천 년의 경험인 고전을 일단 내 안에 쌓아야 한다. 20세기의 피카소가 15세 때 17세기의 벨라스케스를 따라 그렸듯 현재의 우리는 수천 년의 경험과 해답이 압축된 고전을 따라 읽어야 한다.

고전은 보너스다. 그냥 반복하면 하루의 내공이 쌓이는 것이지만 고전을 읽고 반복하면 일단 수천 년의 경험이 내 안에 보너스로 쌓이

고 그 위에 매일의 내공이 쌓인다. 얼마나 큰 차이인가.

　지혜롭고 똑똑하게 반복하라. 우리 시대 사람들이 가장 좋아하는 게 빨리 성공하는 거 아닌가. 나만의 스타일을 가장 빨리 얻으려면 압축된 내공인 고전을 통해 수천 년의 반복을 쌓아놓고 시작하면 된다.

멍하니 있는

시간의 발견

　당신은 오늘 얼마나 생각다운 생각을 했는가? 우리는 주로 '걱정'을 하지 '생각'을 하진 않는다. 오늘 하루를 돌이켜보니 나 역시 생각이 아니라 걱정을 했다. '고전을 주제로 오늘도 두 장 이상 글을 써야 할 텐데. 내일 서울에 강의가 있는데 배가 잘 뜰 수 있겠지? 욕지도에 오면 낮에 자고 새벽에 글을 쓰는데 건강은 괜찮겠지?' 이 걱정들을 생각이라 착각했다.

　빅토르 위고가 쓴 대하소설 『레 미제라블』에는 이런 구절이 나온다. "사람이 멍하니 있다고 해서 아무것도 안 하고 있는 것은 아니다. 눈에 보이는 일과 눈에 보이지 않는 일이 있다." 하지만 이건 어느 정도 생각의 경지에 오른 사람의 얘기다. 아마 우리가 멍하니 있는 건 그냥 멍하니 있는 것이다. 아니, 멍하니 있는 것도 불안해 틈만 나면 핸드폰을 본다.

빅토르 위고가 말하는 '멍하니 있는 시간'은 당연히 생각하는 시간이다. 멍하니 생각하는 사람은 눈에 보이지 않는 일을 하고 있는 중이며, 인간에게는 분주하게 움직이는 일보다 눈에 보이지 않는 일이 훨씬 중요하다는 말이다.

탈레스는 자연 철학의 시조로 불리는 인물이다. 그는 무려 4년 동안 조용히 앉아 생각했다. 남들이 볼 때는 멍하니 앉아 있는 듯 보였겠지만 탈레스 자신은 조용히 앉은 채 눈에 보이지 않는 엄청난 일을 해냈다.

여기서 다시 한번 파스칼의 말을 늘어보자.

＼ 나는 인간의 모든 불행은 단 한 가지 사실, 즉 그가 방안에 조용히 머물러 있을 줄 모른다는 사실에서 유래한다고 종종 말하곤 했다. … 『팡세』 137쪽

파스칼 역시 빅토르 위고와 같은 말을 하고 있다. 인간은 눈에 보이는 일보다 눈에 보이지 않는 일에 집중해야 한다. 눈에 보이지 않는 일인 '생각'을 제대로 할 수 있으면 눈에 보이는 일은 얼마든지 정복할

수 있다. 하지만 곱씹어보면 아무것도 없는 상태에서 생각하기란 굉장히 어려운 일이다. 생각은 그야말로 '생각할 거리'가 필요하다. 무엇이 생각할 거리가 될까?

며칠 전부터 『앵무새 죽이기』를 읽고 있다.

＼ "시작도 하기 전에 패배한 것을 깨닫고 있으면서도 어쨌든 시작하고, 그것이 무엇이든 끝까지 해내는 것이 바로 용기 있는 모습이란다." … **『앵무새 죽이기』 213쪽**

이 문장 때문에 며칠 동안 눈에 보이지 않는 일을 제대로 하고 있다.

'과연 나는 시작도 하기 전에 패배한 것을 알고 있는데도 그것을 끝까지 해내는, 아니 시작조차 할 수 있는 용기가 과연 있는가? 이런 일이 실제로 닥치면 어떻게 할 것인가? 저런 용기를 가지려면 어떻게 해야 하는가? 과연 패배한 것을 알고도 시작하는 게 맞는 건가?'

정답은 없다. 이런 생각을 하는 시간 자체가 내가 성장하는 시간이다. 메밀국수를 만들어 판매하고, 몇 시간 운전해서 강의하러 다니고, 욕지도에서 이 글을 쓰는 '보이는 일'들도 중요하지만, 며칠 동안 나를 생각하게 만든 '보이지 않는 일'을 하는 시간이 훨씬 중요하다는 사실을 느낀다. 생각하는 시간이 없다면 메밀국수를 제대로 판매할 수도, 강의를 잘할 수도, 글을 뜻대로 쓸 수 없다. 지금 이 순간, 그 사실을 뼈저리게 깨닫는다.

재료 없이 가만히 앉아서 생각할 수 없다. 생각할 재료가 필요하다. 심지어 생각하지 않으려 해도 생각할 수밖에 없도록 만들어주는 책이 필요하다. 그게 바로 고전이다. 고전이 고전이라고 불리는 이유 중 하나가 이것 때문이리라. 책은 생각하려고 읽는 것인데 읽기만 하면 저절로 깊이 생각하게 만들어주니 오랜 세월 동안 많은 사람이 인정하고 사랑하는 '고전'이 된 것이다.

핸드폰을 던져버리고 고전을 손에 들자. 아무것도 안 하고 멍하니 핸드폰만 보던 가치 없는 시간을 아무것도 안 하지만 금보다 귀한 시간으로 만들어보자.

이른 아침에 고전을 읽고 지하철을 타자. 핸드폰을 보는 사람들 사이에 멍하니 앉아 눈을 감자. 저절로 출근 전에 읽은 고전이 말을 걸어오고 질문을 던질 것이다. 생각한다. 다른 사람들 눈에는 핸드폰을 들여다보는 사람과 비슷해 보이겠지만, 절대 그렇지 않음을 당신은 안다. 핸드폰을 보는 사람들은 출근 시간 한 시간을 그냥 버렸지만, 생각하는 당신은 천금보다 소중한 역량을 차곡차곡 쌓았다.

존 러스킨이 쓴 『나중에 온 이 사람에게도』에는 이런 구절이 나온다. "이를 토대로 부(富)를 정의하면 '역량 있는 사람의 손에 소유된 가치'라 할 수 있겠다."

멍하니 지하철에 앉아 있는 것 같지만 눈에 보이지 않는 일을 할 줄 아는 우리는 매일 존 러스킨이 말하는 역량을 쌓는다. 이 역량을 가지고 있으면 세계 어디를 가도 맨손으로 시작해 부를 쌓을 수 있다.

유대인들은 그 점을 알았기 때문에 자녀에게 건물이나 돈을 쌓아주지 않고, 유대인 전통 학습 방법인 하브루타를 통해 가슴속에 역량을 쌓아주었다. 그 결과 유대인은 세계 최상위부자 4,000명 중 40퍼센트를 차지하고, 세계 인구의 0.2퍼센트에 불과하지만 노벨상 수상자는 전체의 22퍼센트를 이루었으며(1901년부터 2023년까지 유대인 노벨상 수상자는 214명이다. 우리나라는 2000년에 고(故) 김대중 대통령이 노벨평화상을 받은 것이 유일하다), 미국 인구의 2퍼센트밖에 되지 않지만 미국 경제를 장악하고 있다. 유대인은 어릴 때부터 '생각하는 사람'으로 자랐기 때문이다. 그들은 보이지 않는 일을 잘 해낼 수 있는 자신들만의 교육법을 만들어왔다.

우리도 똑같이 할 수 있다. 아니 유대인들을 뛰어넘을 수도 있다. 그동안 방법을 몰라서 못 했다. 이제 고전이라는 해답을 찾았으니 가만히 앉아만 있어도 역량을 쌓을 수 있다. 지금 이 책을 읽는 사람 중 반드시 노벨상 수상자가, 세계 최고의 부자가 나올 것이다. 지금 뭔가에 한 대 맞은 듯 멍하니 앉아 있는 당신이 바로 주인공이다.

매년 찾아오던
우울증이 사라졌다

이 글을 쓰는 2024년 5월 6일은 아침 긍정 확언을 외친 지 888일째 되는 날이다. 내가 아침 긍정 확언을 외치는 이유는 하나다. 오늘 하루를 행복하게 살고자 함이다. 오늘 하루가 행복하면 미래의 목표는 당연히 이뤄진다. 생각해보라. 오늘 하루를 긍정의 기운으로 행복하게, 힘차게 사는데 미래의 목표가 이루어지는 건 당연하지 않겠는가.

아침 긍정 확언을 외치기 전에는 1년에 한 번은 꼭 우울한 기간이 주기적으로 찾아왔다. 이 우울증이 시작되면 짧게는 일주일, 길게는 세 달간 지속됐다. 그 우울함이 너무 싫어서 어떻게 하면 1년 내내 열정과 활력을 유지할 수 있을까 고심했다. 그렇게 찾아낸 방법이 아침 긍정 확언이다. 그러자 1997년부터 2020년까지 20년 넘게 매년 찾아오던 우울증이 888일째 단 한 번도 찾아오지 않는다.

어떤 원리일까? 괴테의 소설 『젊은 베르테르의 슬픔』을 읽다 답을 얻었다.

> "오늘 그녀를 만난다!" 아침에 나는 소리를 질렀어. 일어나서 아주 쾌활한 마음으로 아름다운 태양을 바라보며, "오늘 그녀를 만난다!" 하면 나는 종일 더는 아무런 소원이 없어. 모든 것이, 모든 것이 이 기대감 속에 묻히고 말아. … **『젊은 베르테르의 슬픔』 56쪽**

바로 '기대감'이다. 괴테는 '모든 것'이 '기대감'에 묻힌다고 썼다. 여기서 '모든 것'은 불안한 미래에 대한 부정적인 생각이다. 이런 부정적인 생각이 없어야 하루가 행복하다.

긍정 확언은 아침마다 기대감에 땔감을 던져 넣는 행위다. 매일 외치기 때문에 이 불은 절대 꺼지지 않는다. 나는 매일 아침 "베스트셀러 작가가 됐다!"라고 외친다. 지금도 이 말을 힘차게 외친 뒤 글을 쓰는 중이다. 글 쓰는 내내 베스트셀러 작가에 대한 기대감이 단전에서 뜨겁게 불타고 있음을 느낀다.

기대감은 끌어당김의 법칙을 이뤄준다. 낚시를 할 때 나는 늘 기대감을 품고 낚싯대를 던진다. 오늘 반드시 큰 물고기가 잡힐 거라는 기대감으로 낚시를 하면 생각한 대로 큰 물고기가 잡힌다. 한때는 "오늘 날씨도 별로고 바람도 많이 불어서 물고기 잡기는 틀렸다"라고 말하면서 낚시를 했는데 그런 날은 여지없이 빈손으로 돌아갔다. 낚시하는 사람들은 안다. '잡을 수 있다', '오늘 꼭 잡는다' 이런 믿음을 강하게 품고 낚시를 하면 물고기를 낚을 확률이 훨씬 높아진다는 사실을!

나는 심지어 긍정 확언이 파장이 되어 물고기를 불러 모은다고 믿는다. 이게 바로 기대감이다. 큰 물고기를 잡는다는 기대감 속에서 하루가 행복하다. 허탕을 쳐도 괜찮다. 이미 지나간 시간이 행복했으니까! '안 잡힐 거야'라며 부정적인 생각으로 가득한 시간을 보내다가 허탕을 치는 것보다 훨씬 하루를 잘 살았다.

우리는 흔히 "여행은 계획 세울 때가 가장 즐겁다"고 말한다. 이것 역시 기대감이다. 기대감에는 부정적인 생각이 없다. 막상 여행지에 가서 기대한 대로 여행이 흘러가지 않아도 괜찮다. 이미 계획을 세우던 날들이 기대감으로 인해 행복했으니까.

사업도 장사도 연애도 마찬가지다. 기대감으로 찬 오늘을 보내야 한다. 오늘을 행복하게 보내면 사업도 장사도 연애도 결과가 좋다. '에이, 요즘 경기도 안 좋고 잘 안 될 거야'라고 준비하는 사람과 매일 아침 '난 잘될 거야. 이번에 결과가 좋지 않아도 계속 도전할 거고, 결국 잘될 거야'라는 기대감으로 준비하는 사람 중에 누구의 결과가 더 좋겠는가? 물론 결과는 아무도 모른다. 그렇다. 아무도 모른다. 그러니 미리 걱정하지 마라. 결과가 나오기 전 오늘 하루를 행복하게 살아야 할 거 아닌가!

기대감 속에서 하루를 보내면 결과 역시 당연히 좋아진다. 많은 사람이 궁금해 하는 수입으로 얘기해보자. 아침 긍정 확언을 외친 후 내 수입은 우상향으로 계속 올라가고 있다. 긍정 확언의 날짜가 쌓일수록 더 가파르게 상승한다. 그리고 내가 하는 모든 일에 "당연히 결과가 좋다"라는 기대감을 넘어 확신이 생겼다. 모든 게 긍정 확언 덕분이다.

아침에 딱 10분만 쓰면 된다. 실제로 요즘 많은 이들이 긍정 확언을 외치고 있다. 친구들이 놀려서 못 하겠다고 말하는 사람들도 있다. 이는 던언킨대 놀리는 친구들이 용기가 없어서 그렇다. 인간은 자신이 못 하는 걸 하는 사람에게 칭찬하기보다는 비난하기를 좋아한다. 주변 사람은 신경 쓰지 마라. 내 삶이다. 내가 살아가는 시간이다.

아침마다 긍정 확언을 외치고 본인이 원하는 목표를 적어서 벽에 붙여두라. 친구가 놀러 와서 벽에 붙은 긍정 확언을 보고 "닭살 돋게 뭐하는 짓이냐?"라고 놀리면 그냥 안쓰럽게 여기고 웃어줘라. 진짜 친한 친구라면 아침 긍정 확언의 원리를 설명해주고 함께 외치라. 당신이 친구를 구원할 것이다.

각자의 방에서 아침 긍정 확언을 외치는 독자들의 모습이 그려진다. 여러분의 목소리와 에너지가 세상을 활기차게 만들 것이다. 어딘가에서 우울함에 젖어 괴로워하는 사람들을 깨울 것이다.

지금 이 책을 읽고 있는 당신의 외침이 들립니다. 당신의 외침이 당신의 삶뿐만 아니라 이 나라, 대한민국을 살렸습니다. 당신의 기대감이 오늘 하루를 빛나게 합니다. 고맙습니다.

인생의 가장 큰 기술,
요리

오랜만에 후배에게 전화가 왔다.

"오빠, 요리 좀 가르쳐줘."

"갑자기 왜?"

"돈 번다고 밥도 제대로 못 먹고 촬영하고 다니니까 몸이 다 망가졌어. 생각해보니까 이러다 큰 병 나면, 돈 버는 게, 버는 게 아니더라고. 오히려 적자야."

내가 가진 능력 중 가장 감사하고 가장 유용하게 생각하는 기술이 바로 '요리하기'다. 요리로 돈을 벌 수 있는 건 물론이고, 후배 말처럼 요리를 못 하면 버는 돈보다 병원비로 돈이 더 많이 나가는 게 현실이다. 최근에 갑자기 연락한 후배 말고도 주변에서 건강이 안 좋아졌다고 말하는 이들이 많다. 원인은 모두 '밥을 제대로 안 먹어서'다. 인간은 매일 두세 끼를 먹는다. 50년을 매일 제대로 먹은 사람과 밖에서 대충 해결한 사람의 몸은 차이가 날 수밖에 없다. 요리를 못 하면 병에 걸릴 확률이 훨씬 높다. 이건 당연한 결과다.

욕지도에서 글을 쓰며 머무는 와중에도, 나는 요리를 할 수 있기 때문에 섬에서 건강하게 자란 냉이를 뜯어다 된장찌개를 끓여 먹는다. 건강한 음식을 먹고 글을 쓸 때와 인스턴트 라면을 먹고 글을 쓸 때 결과가 완전히 다르다는 걸 수년간 경험으로 깨달았다.

거창하고 비싼 음식을 먹으라는 말이 아니다. 간단하고 조촐한 음식이라도 자기 의지와 정성이 들어간 음식을 먹어야 한다. 우리가 집밥을 좋아하고 집밥을 먹으면 실제로 건강해지는 이유는 그 음식에 만든 이의 사랑이 담겨 있기 때문이다. 요즘 당신이 먹는 음식을 보라. 어떤가? 대량생산을 위해 기계가 찍어내듯 만들어낸 음식에는 정성과 사랑이 있을 수 없다. 이런 음식을 아예 먹지 말라는 게 아니다. 상황이 여의치 않을 땐 어쩔 수 없이 이런 음식도 먹어야 한다. 균형을 맞추라는 얘기다. 최소 하루 한 끼는 제대로 된 집밥을 먹어야 한다.

단, 누구에게 기대지 말고 스스로 요리해서 먹어라. 어렵지 않다. 기본적인 몇 가지만 배워서 일단 시작하면 된다. 한집에서 온 가족이 요리할 수 있어야 한다. 다른 사람들이 손쉽게 인스턴트식품을 먹는다고 해서 우리도 당연한 것처럼 먹어서는 안 된다.

요리는 인생에서 가장 유용한 습관이다. 1년만 꾸준히 해보면 습관이 든다. 속도도 빨라진다. 딱 한 번 해보고 '시간이 이렇게 오래 걸리는데 어떻게 매번 만들어 먹냐?'고 포기하지 마라. 요리는 당신의 인생을 가장 풍요롭게 해주는 기술이다. 간절하게 부탁한다. 딱 1년만 해보자.

인간은 나이 들수록 행복해야 한다. 생각해보라. 과거의 화려하고 행복했던 시절은 전혀 기억나지 않는다. 이틀 전 일도 가물가물하다. 우리는 행복해시기 위해 돈을 모은다. 돈만 모으지 말고 건강을 함께 모아야 한다. 그게 제대로 된 부자다. 기껏 모은 돈이 병원비로 빠져나가게 해서는 안 된다.

해답은 요리하기다. 글쓰기와 요리하기! 두 가지 기술을 가지고 있으면 은퇴 후에도 얼마든지 풍요롭게 살 수 있다. 무엇보다 세상이 두렵지 않다. 섬에 고립될지라도 얼마든지 제대로 요리해 먹으며 살 수 있다는 자신감이 생기고, 잘 먹고 건강하면 120세까지 글쓰기로 얼마든지 돈을 벌 수 있다는 믿음이 자란다. 이렇게 미래에 대한 불안감을 없애야 스트레스가 없다.

일단 밥부터 해보자. 밥을 한 번도 지어본 적이 없다면 오히려 잘됐다. 핸드폰을 켜놓고 처음 밥하는 순간을 찍어라. 쌀을 씻고, 손등을 이용해 물을 맞춰도 되고 계량컵을 이용해도 좋다. 일단 밥을 지어보라. 진밥도 좋고 된밥도 좋다. 왜 그렇게 됐나 이유를 살피고 물 조절에 성공할 때까지 계속 시도하면 나만의 물 조절 법이 생긴다. 밥만 잘 지을 수 있어도 당신은 이미 건강에 한 걸음 가까워진 셈이다. 이 기술은 일주일이면 충분히 터득할 수 있다.

그다음 두세 가지 국 끓이기에 도전하자. 간장, 소금, 젓갈로 간만 맞추면 된다. 복잡한 방법 말고 단순하게 요리하는 법을 찾아 배워라.

마지막으로 두세 가지 나물 무치는 법을 터득하라. 된장, 고추장, 참기름(또는 들기름) 요렇게만 넣고 나물을 무칠 수 있다. 이제 됐다. 밥과 국에 나물 하나. 더 이상 많이 배울 필요도 없다. 당신은 인생에 가장 중요하고 유용한 기술을 배웠다.

글을 쓰는 중 욕지도에 비가 내리기 시작했다. 무를 썰어 넣고 참치액젓과 국간장으로 밑간을 한 다음, 팔팔 끓이다 어묵과 청양고추하나를 넣고, 어묵이 둥둥 떠오를 때까지 끓인다. 맛을 보고 살짝 싱거워 굵은소금으로 간을 맞춘다. 불을 끄고 후추를 살짝 뿌려 마무리. 어묵탕 한 그릇을 떠 와 비 오는 바다를 보며 후루룩 마신다. 정신이 맑고 상쾌하다. 글을 쓰고 싶다. 의욕이 충만하다.

어묵탕 끓이는 데 15분 걸렸다. 내가 요리를 못 한다면 어묵탕을 먹기 위해 차를 몰고 식당까지 가서 주문하고 먹고 오는 데 한 시간이 훌쩍 넘게 걸렸을 것이다. 시간도 시간이지만, 바다를 보며 깔끔하게 내가 원하는 맛의 음식을 먹는 것 자체가 식당에선 불가능하다.

여러분도 한번 실험해보라. 인스턴트식품을 먹고 글을 쓰고 책을 읽어보라. 그다음 스스로 요리해서 밥을 먹은 뒤 쓰고 읽어보면, 느낌이 완전히 다르다. 남산 도서관에서 부득이하게 외식을 하면 난 주로 비빔밥을 먹는다. 비빔밥을 먹고 책을 읽으면 여전히 잘 읽어진다. 그런데 어쩌다 라면을 먹고 다시 자리에 앉으면 속이 더부룩하니 집중이 되지를 않는다. 확연하게 차이가 난다.

　"할머니가 그러시는데, 남자들도 모두 요리를 배워야 하고, 아내를 소중하게 여기고, 아내가 몸이 좋지 않을 땐 시중을 들어 줘야 한댔어." … 『앵무새 죽이기』159쪽

아마 『앵무새 죽이기』를 읽고 요리에 대한 교훈을 얻는 사람은 거의 없을 것이다. 하지만 내게는 요리에 대한 문장이 뼈저리게 와닿는다. 요즘 내 주변에 아픈 친구들이 많아서다. 그렇다면 다른 책에서도

요리를 말할 텐데 왜 하필 이 책인가.

『앵무새 죽이기』를 읽다보면 소녀의 성장과 인종차별에 대한 정의와 양심, 그리고 아버지의 용기와 신념에 대해서 깊이 사유하게 된다. 이런 깊은 감동에 젖어 있을 때 심연의 깊은 곳에서 끌어올릴 수 있는 깨달음이 찾아온다. 그냥 요리와 관련된 책에서 '요리를 배우면 건강에 좋아요'라는 글을 읽었을 때와는 완전히 다른 깨달음이다. 아마도 10년 후에 『앵무새 죽이기』를 다시 읽는다면 아마 다른 문장에서 감동받을 것이다.

좋아하는 뷔페가 있다면 두세 번 찾아갔을 때 이런 경험이 있을 것이다. "어! 지난번에도 이 음식이 있었나? 나만 몰랐네. 너무 맛있다."

고전의 모든 문장은 훌륭한 음식이다. 하지만 아무리 맛있어도 한 번에 다 먹을 수는 없다. 오늘 난 『앵무새 죽이기』에서 요리에 대한 문장을 먹었다. 그리고 여러분께 추천했다. 내년에 우리 함께 다시 『앵무새 죽이기』 뷔페에 오자. 내가 쏘겠다. 그땐 여러분이 내게 맛있는 문장을 추천해주기 바란다. 당신은 오늘 어떤 문장을 맛있게 먹었는가? 고전은 정신이 건강해지는 가장 정갈한 음식이다.

읽기, 걷기, 생각하기, 그리고 쓰기

DNA 구조를 발견하는 과학자들의 이야기를 담은 『이중나선』. 이 책의 추천사를 쓴 최재천 교수는 레이첼 키슨을 언급하며 이렇게 썼다. "'봄이 와도 새는 울지 않는다'는 시적인 표현으로 살충제 남용을 경고한 레이첼 카슨이 최고의 생태학자는 아니지만, 『침묵의 봄』 덕택에 그는 우리에게 가장 위대한 생태학자 중 한 사람으로 각인되었다."

레이첼 카슨은 1907년에 태어났다. 당시에는 여성 과학자가 아무리 뛰어난 능력을 가졌어도 주목받기 힘든 시대였다. 하지만 레이첼 카슨이 「타임」이 선정한 20세기를 변화시킨 100인 가운데 한 사람으로 선정되었다. 이유는 바로 '책을 썼기 때문'이다.

최재천 교수는 동시에 『이중나선』을 쓴 젊은 과학도 제임스 왓슨에 대해 이렇게 평했다.

> 20세기 과학의 가장 위대한 업적이라 평가받는 DNA 구조의 발견은 왓슨, 크릭, 윌킨스에게 노벨 생리·의학상을 안겨주었다. (중략) 그러나 세월이 흐른 뒤 끊임없이 영국인들을 괴롭힌 질문이 있었다. 이 세 사람 중 나이가 제일 어리고 경력도 적은 미국인 왓슨이 영국의 선배 학자들보다 훨씬 유명해진 까닭이 무엇인지 머리를 긁적이게 된 것이다. (중략) 오랜 논쟁 끝에 영국인들이 내린 결론은 약간 뜻밖이었다. 일반인들을 상대로 왓슨이 저술한 『이중나선』이라는 작은 책 때문이라는 것이었다. (중략) 명확한 차이는 왓슨은 책을 썼고 크릭은 쓰지 않았다는 것이다. … **『이중나선』 7~8쪽**

'말'보다 '글'이 강하다. 내가 내로라하는 사람들이 강연하는 곳에 초청받을 수 있고, 전국을 돌아다니며 강연할 수 있는 이유가 바로 글을 썼기 때문이다. 나 역시 수백 편의 영상을 통해 말을 전달했지만 한 권의 책이 주는 힘을 이길 수 없다.

'읽기'보다 '쓰기'가 강하다. 다른 사람의 일기를 읽는 것도 좋지만 한 줄이라도 내 일기를 쓰는 것이 더 좋다. 읽기는 남들이 써놓은 글이 내게로 들어와 나로 하여금 생각하게 만든다. 내 안으로 들어온 글은 내 것이 될 수도 있고 되지 않을 수도 있다. 모든 읽기가 자기 것이 되지는 않는다. 수많은 글 중 자신에게 맞는 글만이 내면에 자리 잡아 나를 성장하게 돕는다.

쓰기는 이미 자기 것이 된 글들이 원동력이 되어 내 안에서 우러나오는 진실이다. 진정한 내 모습이다. 본인이 쓴 글을 읽을 때 인간은 더욱 성장한다. 왜냐하면 그 모습이야말로 100퍼센트 '나'이기 때문이다. 그래서 일기 쓰기가 좋은 것이다. 일기 쓰기는 조용히 자기 자신을 들여다보는 행위다. 나를 아는 시간이 무엇보다 중요하다.

얼마 전 배우 손석구가 「보그 코리아」와 인터뷰한 기사를 읽었다.

＼ "다섯 가지 동사들이 곧 저 자신이죠." 연기하다(Acting), 글 쓰다(Writing), 걷다(Walking), 숨 쉬다(Breathing), 성장하다(Aging). … 「보그 코리아」 2023년 10월 23일

이 인터뷰 중 눈여겨본 점은 '글쓰기'다. 많은 배우가 캐릭터를 분석하고, 자신을 찾아가는 방법으로 독서(읽기)를 얘기한다. 읽기도 당연히 위대한 행위다. 독서만으로 나 자신을 완성할 수 있다. 단, 이번 글에서 내가 글쓰기를 강조하는 까닭은 직접 해보니 읽기보다 쓰기가

주는 힘이 훨씬 유용했기 때문이다.

읽은 사람만이 제대로 쓸 수 있다. 아마 손석구 배우는 충분히 읽은 후에 걸으며 사유하고, 생각 중에 발견한 자신을 글로 쓰면서 자신을 완성하는 법을 알아냈을 것이다.

읽기-걷기-생각하기-쓰기. 인간은 네 가지로 완성된다. 사람들 사이에 격차가 생기는 지점은 바로 '쓰기'다. 읽기-걷기-생각하기까지는 많은 사람이 할 수 있고, 하고 있다. 하지만 '쓰기'는 소수의 사람만이 한다. 그런데 네 가지 중 가장 강력한 힘을 가진 것이 '쓰기'다. '생각하기'보다 '쓰기'가 강하다. 왜냐하면 '생각하기'는 결국 '쓰기'로 완성되기 때문이다. 성공한 사람들이 한결같이 메모의 중요성을 얘기하는 이유다.

사색 중에 떠오른 생각을 써놓지 않으면 날아가버린다. 1퍼센트의 천재를 제외하고는 꼬리에 꼬리를 무는 생각을 머릿속으로 정리할 수 없다. 반드시 써야 한다.

내 안에서 나온 생각을 내 손으로 쓰고 내 눈으로 읽은 후에 다시 내 뇌로 생각하는 순간 한 단계 성장한다. 이것이 생각의 선순환이다. 부처나 탈레스처럼 스스로 생각할 수 있는 사람은 이 과정을 거쳐 자신을 완성할 수 있지만, 나 같은 보통 사람은 스스로 생각할 수 없기에 먼저 책을 읽는 것이다.

우리는 지금 빠르게 변하는 무한 경쟁 시대에 살고 있다. 잠시만 한눈팔면 뒤처진다. 이기는 방법은 글쓰기다. 똑같은 시간을 투자했을 때 가장 강력한 효과를 얻을 수 있는 것이 글쓰기다. 자본주의적으로 말하면 글쓰기가 가장 빨리, 가장 많이, 가장 확실하게 돈을 벌어준다. 내가 경험했다.

내 모든 수입의 시작은 글쓰기다. 나의 수입은 글쓰기 전과 후로 확연히 달라졌다. 글쓰기 전이 훨씬 인기가 많았음에도, 글 쓴 후에는 잊혀가는 개그맨임에도 불구하고 돈을 더 많이 번다. 심지어 꾸준하게 글을 썼더니 연예인으로 가장 인기 좋을 때보다 더 유명해졌다. 이젠 대만과 홍콩, 러시아, 베트남 사람들도 나를 알게 됐다. 모두가 글쓰기의 위력이다.

2024년 2월 24일 새벽 5시, 레이첼 카슨의 『침묵의 봄』을 읽으며 하얀 A4용지에 빨간 볼펜으로 이렇게 적는다.

＼ 인간에게 유익하지 않은 생명체는 마구 죽여도 되는가? 큰 동물이 죽을 때와 작은 곤충이 죽을 때 그걸 보는 내 감정은 왜 다른가? 해충은 생명이 아닌가? 생명의 무게, 가치는 무엇으로 측정하는가? 어디까지가 생명체인가? 플랑크톤은? 유전자는? 소, 돼지, 닭은 매일 먹으면서 내가 키우지도 않는 개나 고양이가 조금만 다쳐도 왜 가슴이 아픈가? 죽음은 어디까지 슬픈가? … **명환 생각**

정답을 찾자는 게 아니다. 정답은 없다. 다만 스스로 질문을 던지는 순간 성장한다. 머리로만 질문을 던지는 것보다 글로 써서 던지는 질문이 뇌를 더 자극한다. 생각이 풍성해진다.

질문을 종이에 써놓고 생각하라. 당신이 해결하고 싶은 문제를 종이에 써서 벽에 붙여놓고 고민하자. 머리로 굴릴 때보다 훨씬 빠르게 좋은 답을 얻으리라.

한 시간의 독서로
떨쳐낼 수 없는 불안감은 없다

『월든』을 쓴 헨리 데이비드 소로. 직접 숲으로 들어가 오두막을 짓고 자연인의 삶을 산 소로의 책에는 이런 문장이 나온다. "우리는 정신을 위한 자양분은 등한시하지만 육체를 위한 자양분이나 육체적인 질병에는 비용을 아끼지 않는다."

정말 그렇다. 우리는 몸에 좋다는 것은 늘 챙겨 먹으려 노력한다. 나 역시 마찬가지다. 요즘은 매일 당근 주스를 한 잔씩 꼭 챙겨 마신다. 몸에 병이 나면 그 병을 낫게 해주는 음식을 먹는다. 목감기가 걸리면 생강차를 마시고, 눈 밑이 파르르 떨리면 '마그네슘이 많은 음식'을 검색해 고춧잎, 시금치, 표고버섯 등을 먹는다.

그런데 가만히 생각해보자. 우리는 정신의 병을 예방하기 위해서는 그 무엇도 하지 않는다. 현대인은 몸보다 정신이 더 아픈데도 말이다. 우울증, 공황장애, 인격장애, 섭식장애……. 사람들은 정신 질환이 생기면 병원에 가서 치료받고 약을 먹지만, 예방할 생각은 하지 않는다. 방법도 모른다.

정신 질환을 예방할 수 있는 정확한 방법이 있다. 바로 고전 읽기다. 우리 몸에 좋다는 음식을 우리가 어떻게 알았겠는가? 선조들이 먹어보고 경험해보고 좋은 것은 좋다고 나쁜 것은 나쁘다고 수백 수천 년에 걸쳐서 알아낸 결과다.

우리가 지금 정신적으로 고통받고 있는 문제들은 오늘날 처음 생긴 것이 아니다. 인간의 본성은 변함이 없기에 인간은 예나 지금이나 같은 문제로 고통을 받는다. 이런 정신적인 고통을 미리 겪어보고 깨달아 후대 사람들은 같은 고통을 겪지 않기를 바라는 마음에서 적은 글이 고전이다.

소로 또한 정신의 병에 관해 언급하며 고전이야말로 최고의 정신 치료제라 말한다.

╲ 당신이 젊은 날의 소중한 시간을 바쳐 몇 마디나마 고전 어휘들을 공부하는 것은 충분한 가치가 있는 일이다. 이 어휘들은 거리의 천박함을 넘어서서 당신에

게 영원한 암시와 자극을 줄 것이다. 농부가 자신이 주워들은 라틴어 몇 마디를 기억하고 되뇌어보는 것은 결코 쓸데없는 짓이 아닌 것이다. … 『월든』 154쪽

고전을 읽고 그 철학에 푹 빠져 있다가 나오면 나도 모르게 정신이 개운해지는 느낌이 든다. 마치 몸살이 났을 때 병원에서 링거 주사를 맞으며 기분 좋게 푹 자고 나온 느낌이다. 우리 몸에만 좋은 음식을 먹이고 좋은 운동을 시켜줘야 하는 게 아니다. 정신에도 똑같이 건강한 음식을 먹이고 건강한 운동을 시켜줘야 한다.

고전은 우리가 먹는 모든 영양제를 합쳐놓은 것과 같다. 비타민C가 부족하면 감기에 잘 걸리는 것처럼 고전의 지혜가 없으면 정신이 자주 아프다. 면역력이 약해져서 몸이 아픈 것처럼 고전을 먹지 않으면 세상일에 대한 모든 변역력이 떨어신다. 이보다 좋은 보약이 또 어디 있는가? 아내가 어제 공진단을 사 왔는데 100만 원이 훌쩍 넘는다. 1년에 한 번 꼭 먹어야 겨울에도 감기에 안 걸린다고 해서 작년부터 챙겨 먹고 있다. 그런데 고전은 얼마인가? 도서관에 가면 공짜다!

한 시간의 독서로 떨쳐낼 수 없는 불안감은 없다. 고전을 한 시간만 섭취하면 모든 불안은 사라진다. 불안감만 사라지는 게 아니다. 의욕이 충만해진다. 홍삼, 산삼보다 우리에게 좋은 것이다. 우리는 먹거리에서 얼마나 많이 자연산, 유기농, 무농약, 국내산을 찾는가? 그런

모든 것을 압축해놓은 것이 고전이다. 한 페이지만 읽어도 정신 건강이 좋아진다. 운동을 하면 몸이 좋아지는 게 느껴지듯 고전을 읽으면 정신이 건강해지는 게 와닿는다.

건강을 해치는 음식 중에 가장 무서운 것이 뭔가? '새까맣게 탄 고기를 먹으면 암에 걸린다', '튀긴 음식은 건강에 해롭다', '너무 단것은 많이 먹지 마라', '인스턴트식품과 패스트푸드는 건강에 안 좋다' 등은 우리가 상식으로 알고 있다. 그리고 웬만하면 먹지 않으려 노력한다.

나는 핸드폰을 새까맣게 탄 고기라고 여겨 보지 않으려 노력한다. 핸드폰을 보는 내내 '나는 지금 새까맣게 탄 고기를 먹는 중이야. 암에 걸릴지도 몰라. 그러니 얼른 던져버리자'라 되뇐다. 그러곤 핸드폰을 끈다. 실제 정신 건강에 새까맣게 탄 고기보다 더 해로운 게 핸드폰이다. 우리는 몸에 좋지 않은 것을 먹으면 건강을 해칠까봐 두려워하면서 정신 건강에 무엇보다 해로운 핸드폰은 매일, 몇 시간씩, 빠짐없이, 꼬박꼬박 먹는다. 무서워하지를 않는다.

독자 여러분은 건강에 가장 나쁜 음식이 뭐라고 생각하는가? 사람마다 다를 것이다. 그 음식과 핸드폰이 똑같다고 여겨라. 아니 더 나쁘다고 각인시켜라. 반대로 세상에서 가장 건강한 음식을 떠올리고 그 이미지에 고전을 대입하라. 핸드폰을 아예 안 볼 수는 없는 것이 현실이니, 핸드폰으로 나빠진 정신 건강을 치료해야 한다. 고전은 병을 예방도 해주고 치료도 해준다. 그러니 꾸준히 고전을 섭취해야 한다.

'가장 비싼 위스키'를 검색해보면 1776년에 만들어진 술이 나온다. 약 24억 7,000만 원에 판매됐다. 여러 이유가 있겠지만, 이 술은 100년 이상 숙성됐다. 아마 그게 위스키의 가치를 높였을 것이다.

술을 좋아하는 사람들은(나 역시 그렇다.) 이런 기사를 읽으면 "한 방울만 마셔보면 소원이 없겠네"라고 말한다. 나는 이제 고전이 그렇게 보인다. 죽을 때까지 한 방울이라도 더 마시고 싶은 귀한 것이다. 헨리 데이비드 소로 역시 말한다. "여기 고대의 가장 현명했던 사람들이 말씀했고, 또 그 후 모든 시대의 현명한 사람들이 그 가치를 우리에게 보증한 황금 같은 말들이 있다."

나를 살게 해주고 건강하고 행복하게 만들어주는 비결이 모두 고전에 들어 있다. 고전은 오래될수록 좋다. 검증됐기 때문이다. 고전은 인생의 해답이다. 오랜 세월 동안 다듬어지고 고쳐지고 보완되어 지금 우리의 삶에 최적화되어 있는 해답.

오늘 마트에 가서 몸 건강에 좋은 식재료를 구입하고 서점에 들러 정신 건강에 좋은 고전도 한 권 구입하자. 독자 여러분의 무한한 건강을 기원한다.

앙드레 지드의『지상의 양식』에는 이런 구절이 나온다.

"사물은 어느 것이나 제 필요에서 태어나는 것이므로, 말하자면 외부로 나타난 하나의 필요에 불과하다."

모든 존재는 필요에 의해 생겨났다. 나 역시 이 우주에, 이 지구에 필요해서 만들어졌다. 그렇다면 나는 과연 그 필요에 맞게 살고 있는가?

나는 개그맨으로 출발했다. 우주가 나를 개그맨으로 쓰려고 태어나게 한 줄 알았다. 하지만 아니었다. 독서를 통해 진짜 내가 태어난 이유를 찾기 위해 방향을 조금씩 바꾸었다. 개그맨에서 요식업 대표로,

작가로, 강사로 방향이 계속 바뀌었다.

이렇게 제대로 된 방향을 찾아가는 과정에서 내 안에 잠들어 있던 거인들이 깨어났다. 수백억 원 가치의 브랜드를 만드는 거인과 해외로 수출되는 책을 쓰는 거인, 강의로 사람들에게 열정을 불러 일으키는 거인이 차례대로 깨어났다.

인간을 제외한 모든 자연은 필요에 순응하며 살고 있다. 정확한 자리에서, 우주가 필요로 하는 가치를 만들어내며 조화롭게 살고 있다. 문제는 인간이다. 인간도 본능적으로는 우주가 원하는 필요를 느낄 수 있도록 태어났지만 스스로 '이성'을 만들어 생각을 조작하기 시작했다. 인간만이 제자리를 못 찾고 있다.

인간이 자연에 순응하지 않고 인위적으로 만든 생각 중 대표적인 것이 '욕심'이다. 나만 생각하는 이기심. 우주가 필요로 하는 존재는 타자에 도움이 되는 존재인데 인간은 혼자만 잘 먹고 소비한다.

지금부터 생각해보자. 우주는 나를 무엇에 쓰려고 이 땅에 존재하게 만들었는가? '필요'를 사전에 찾아보면 '반드시 요구되는 바가 있음'이라 풀이된다. 우주가 반드시 나에게 요구하는 바가 있다는 거다. 그렇다면 우주는 내가 무엇을 하기를 원하는가? 요구되는 바가 있다는 것은 외부에서 나를 원한다는 말이다. 그러므로 우리는 생각의 방향을 외부로 향하게 설정해야 한다.

남을 위해서 내가 할 수 있는 일이 무엇인가? 자연을 위해서 할 수 있는 일은? 지구와 온 우주를 위해서 할 수 있는 게 뭔가? 이런 방향으로 생각을 보내야 쓸모 있는 좋은 아이디어에 도달할 수 있다. 그런 아이디어를 실행에 옮겨야 지구에 도움이 되고 자신도 떳떳한 죽음을 맞이할 수 있다. 반대로 오로지 내 행복, 내 만족, 내 돈을 위해 생각을 출발시키면 필요한 사람이 아니라 공해만 일으키는 쓸모없는 사람이 될 뿐.

속도보다 방향이 중요하다는 것이 이 말이다. 느리게 가더라도 정확한 방향으로 가야 한다. 지금 당장 쓸모 있는 일을 하지 않아도 괜찮다. 누구에게나 때가 있다. 우주가 당신을 원하는 때. 그 순간을 알아차리기 위해 모든 감각을 외부를 향해 열고 있어야 한다.

내 안에는 아직 수많은 거인들이 잠들어 있다. 거인을 깨우는 유일한 방법은 책을 읽는 것이다. 책은 내가 몰랐던 세상을 보여주고 그곳으로 나를 데리고 간다. 그곳엔 '진짜 내가' 살고 있었다. 이제 나는 내가 가고 싶은 곳을 가고 싶은 시간에 갈 수 있다.

고전은 이런 예민한 감각을 키워준다. 고전이야말로 인간에게 필요해서 만들어진 것이다. 고전이 수천 년 동안 인간과 함께하는 이유는 인간에게 꼭 필요하기 때문이다. 필요해서 존재하는 것은 반드시 취(取)해야 한다. 마치 맑은 공기가 필요해 숨을 쉬어야 하고 수분이 필요해 물을 마셔야 하는 것과 같다. 숨을 쉬지 않으면 10분 이상 살 수 없고 물을 마시지 않으면 일주일 이상 살 수 없다. 고전을 취하지 않으면 제대로 살 수 없다. 내가 필요하지 않은 곳에서 쓸모없는 삶을 산다면, 산다고 할 수 없다.

새는 하늘에서 날고 사자는 육지를 달리며 고래는 바다를 헤엄친다. 그들은 그곳에 필요한 존재이고 그곳에서 자유를 누린다. 당신은 지금 있는 곳에서 자유로운가? 맘껏 편하게 숨을 쉴 수 있는가? 혹시 당신은 사자로 태어났는데 지금 바닷속에서 헤매고 있는 게 아닌가?

당신이 지금 머무는 곳에서 숨이 막힌다면 고전을 펼쳐라. 당신이 자유롭게 숨 쉴 수 있는, 당신을 필요로 하는 곳으로 고전이 안내해줄 것이다. 그곳에서 맘껏 숨 쉬고 뛰고 헤엄쳐라. 우주는 모든 존재가 자유롭길 원한다. 당신이 자유로워야 우주가 웃는다. 당신이 우주이기 때문이다. 결국 당신이 필요로 하는 사람은 당신 자신이다. 고전을 읽은 제대로 된 당신!

이 책에서 언급한 고전

강신주, 『강신주의 장자수업 1』, EBS BOOKS

권정생, 『몽실 언니』, 창비

니코스 카잔차키스, 『그리스인 조르바』, 이윤기 옮김, 열린책들

대니얼 카너먼, 『생각에 관한 생각』, 이창신 옮김, 김영사

데일 카네기, 『데일 카네기 인간관계론』, 임상훈 옮김, 현대지성

레이 달리오, 『원칙』, 고영태 옮김, 한빛비즈

레이첼 카슨, 『침묵의 봄』, 김은형 옮김, 에코리브르

레프 톨스토이, 『이반 일리치의 죽음』, 윤우섭 옮김, 현대지성

로버트 그린, 『인간 본성의 법칙』, 이지연 옮김, 위즈덤하우스

류성룡, 『징비록』, 김흥식 옮김, 서해문집

무라카미 하루키, 『도시와 그 불확실한 벽』, 홍은주 옮김, 문학동네

무라카미 하루키, 『바람의 노래를 들어라』, 윤성원 옮김, 문학사상

미겔 데 세르반테스 사아베드라, 『돈키호테』, 안영옥 옮김, 열린책들

미하이 칙센트미하이, 『몰입 Flow』, 최인수 옮김, 한울림

박경리, 『토지 1』, 다산책방

블레즈 파스칼, 『팡세』, 이환 옮김, 민음사

빅토르 위고, 『레 미제라블 2』, 정기수 옮김, 민음사

사마천, 『사기열전 1』, 김원중 옮김, 민음사

생텍쥐페리, 『인간의 대지』, 허희정 옮김, 펭귄클래식코리아

세스 고딘, 『보랏빛 소가 온다』, 이주형, 남수영 옮김, 쌤앤파커스

스티븐 킹, 『유혹하는 글쓰기』, 김진준 옮김, 김영사

아르투어 쇼펜하우어, 『쇼펜하우어의 행복론과 인생론』, 홍성광 옮김, 을유문화사

아쿠타가와 류노스케, 『라쇼몬』, 서은혜 옮김, 민음사

안셀름 그륀, 『머물지 말고 흘러라』, 안톤 리히텐아우어 엮음, 서문연 옮김, 21세기북스

알베르 카뮈, 『이방인』, 김예령 옮김, 열린책들

알베르 카뮈, 『페스트』, 변광배 옮김, 미르북컴퍼니

앙드레 지드, 『지상의 양식·새 양식』, 최애영 옮김, 열린책들

앙투안 드 생텍쥐페리, 『초판본 어린왕자』, 김미정 옮김, 더스토리

애나 렘키, 『도파민네이션』, 김두완 옮김, 흐름출판

어니스트 헤밍웨이, 『노인과 바다』, 이종인 옮김, 열린책들

에른스트 H. 곰브리치, 『서양미술사』, 백승길, 이종숭 옮김, 예경

에리히 프롬, 『소유냐 존재냐』, 차경아 옮김, 까치

요한 볼프강 폰 괴테, 『젊은 베르테르의 슬픔』, 변학수 옮김, 미래지식

윌리엄 셰익스피어, 『햄릿』, 박우수 옮김, 열린책들

이상, 『날개』, 김주현 엮음, 문학과지성사

이솝, 『이솝 우화집』, 유종호 옮김, 민음사

이효석, 『메밀꽃 필 무렵』, 서준섭 엮음, 문학과지성사

장자, 『장자』, 오강남 옮김, 현암사

장 그르니에, 『섬』, 김화영 옮김, 민음사

장 자크 루소, 『에밀』, 이환 옮김, 돋을새김

제임스 왓슨, 『이중나선』, 최돈찬 옮김, 궁리

조던 피터슨, 『질서 너머』, 김한영 옮김, 웅진지식하우스

존 러스킨, 『나중에 온 이 사람에게도』, 곽계일 옮김, 아인북스

최진석, 『노자의 목소리로 듣는 도덕경』, 소나무

최진석, 『최진석의 대한민국 읽기』, 북루덴스

칼 구스타프 융, 『칼 융 레드 북』, 김세영, 정명진 옮김, 부글북스

투퀴디데스, 『펠로폰네소스 전쟁사』, 천병희 옮김, 도서출판 숲

파울로 코엘료, 『연금술사』, 최정수 옮김, 문학동네

패트릭 브링리, 『나는 메트로폴리탄 미술관의 경비원입니다』, 김희정, 조현주 옮김, 웅
진지식하우스

표도르 도스토옙스키, 『지하생활자의 수기』, 이동현 옮김, 문예출판사

프란츠 카프카, 『변신·단식 광대』, 이재황 옮김, 문학동네

플루타르코스, 『플루타르코스 영웅전 1』, 신복룡 옮김, 을유문화사

하퍼 리, 『앵무새 죽이기』, 김욱동 옮김, 열린책들

허준, 『저는 브랜딩을 하는 사람입니다』, 필름

헤르만 헤세, 『데미안』, 김인순 옮김, 열린책들

헨리 데이비드 소로, 『월든』, 강승영 옮김, 은행나무

화산, 『화산의 온통(온전하게 통하는) 손자병법』, 이인호 옮김, 뿌리와이파리

고전이 답했다
마땅히 살아야 할 삶에 대하여

초판 1쇄 발행 2024년 8월 26일
초판 31쇄 발행 2025년 1월 10일

지은이 고명환
펴낸이 최지연
편집 김민채
마케팅 김나영, 윤여준, 김경민
경영지원 강미연
디자인 표지 [★]규, 본문 수오
교정교열 윤정숙

펴낸곳 라곰
출판신고 2018년 7월 11일 제 2018-000068호
주소 서울시 마포구 큰우물로 75 성지빌딩 1406호
전화 02-6949-6014   팩스 02-6919-9058
이메일 book@lagombook.co.kr

ⓒ 고명환, 2024

ISBN 979-11-93939-13-0 03320